Bérengère Philippon

glücklich ZUCKERFREI

Fotos: Sophie Dumont
Food Styling: Delphine Lebrun
Übersetzung: Sophie Gamel

südwest

INHALT

Ich UND MEIN NEUES **Bewusstsein**

Du denkst, dass du es niemals schaffen wirst, deinen Zuckerkonsum zu reduzieren? Du weißt nicht, wo du anfangen sollst, und brauchst Hilfe? Ich hatte am Anfang dieselben Zweifel. Ich habe es geschafft, obwohl ich nie wirklich daran geglaubt habe. Da dachte ich mir, ich erzähle von meinen Erfahrungen.

Über mich

Hallo, ich heiße Bérengère, bin 43 Jahre alt, habe zwei Kinder, eine zeitintensive Arbeit und einen hektischen Mama-Alltag, wie ihn viele Frauen kennen.

MEINE FAMILIE

Ich habe **zwei Kinder im Alter von 10 und 14 Jahren**, die ich leider zu sehr an Naschereien und Desserts gewöhnt habe. **Mein Ehemann** ist sehr **wählerisch beim Essen** und sträubt sich grundsätzlich gegen Veränderungen. Ich hatte also wenig Aussicht auf Erfolg.

MEINE ZUCKERSUCHT

Ich lieeeeeeebe Süßes … Früher aß ich jeden Morgen industriell hergestellte »Frühstückskekse«, die voller Zucker waren. Ein Mittag- und Abendessen ohne Dessert waren undenkbar. Außerdem aß ich jeden Tag Vollmilchschokolade. Weil ich nicht zunehmen wollte, hatte ich mir angewöhnt, eher gesunde herzhafte Speisen zu essen, um das Süße voll auskosten zu können, so nach dem Motto »Salat und Torte« – eine echte Naschkatze eben! **Auf Zucker zu verzichten, war eine große Herausforderung. Ich kann immer noch nicht glauben, dass ich es geschafft habe!**

MEINE SPORTLICHE BETÄTIGUNG

Ich verbrenne nicht viele Kalorien durch Sport, doch seit drei Jahren versuche ich, täglich mindestens 20 bis 30 Minuten spazieren zu gehen, insbesondere im Sommer, und besuche einmal pro Woche einen Zumba-Kurs.

MEINE ARBEIT

Ich habe eine Vorliebe für Wissenschaft und Kochen und daher einen Magister für die Chemie von Nahrungsmittelaromen absolviert. Da die Berufsaussichten damit jedoch ziemlich trüb waren, habe ich mich auf Marketing und Kommunikation umgeschult. Derzeit bin ich in meinem Unternehmen in der Kommunikation tätig. **Eine sitzende Tätigkeit.**

MEINE LEIDENSCHAFT

Ich liebe es, zu **kochen**. Da ich nur wenig Zeit habe, muss es einfach sein und schnell gehen, soll aber trotzdem lecker sein. Ich bin auch gerne **kreativ** und interessiere mich für **Ernährung und Gesundheit**. Ich habe sogar überlegt, Ernährungsberaterin zu werden.

MEINE ZUCKERSUCHT VOR DER UMSTELLUNG

Seit ich klein bin, mag ich schon Süßes. Jeden Sonntag gab es in meiner Familie Kaffee und Kuchen mit Feingebäck, Kuchen und Schokolade – wie ich diese Momente genossen habe!

Mit 24 Jahren

hatte ich in meinen eigenen vier Wänden **einen Schrank nur für Kekse und Schokolade**, der stets gefüllt war.

Mit 32 Jahren

litt ich während meiner zweiten Schwangerschaft an einem leichten **Schwangerschaftsdiabetes**, den ich nach der Geburt sogleich wieder gekonnt vergessen hatte.

Mit 39 Jahren

schaffte ich es nicht mehr, die zugenommenen Kilos loszuwerden.

Mit 41 Jahren

habe ich **in zwei Jahren vier Kilogramm** zugenommen (obwohl es zuvor nur zwei Kilogramm in 20 Jahren waren!) und schaffte es trotz Sport nicht mehr, sie loszuwerden. Das hat mich nachdenklich gemacht und **brachte mich zu meinem Aha-Erlebnis.**

MEIN AHA-ERLEBNIS

Kaum hatte ich das Alter von 40 Jahren erreicht, hatte ich das Bedürfnis, mein Leben umzukrempeln, und mir wurde bewusst, welche wichtige Rolle die Ernährung spielt, um fit zu bleiben. Meine Freunde litten zunehmend an **gesundheitlichen Problemen**. Ich merkte, dass es Zeit wurde, mich um mein Wohlergehen zu kümmern, damit ich noch etwas länger meine jugendliche Unbeschwertheit bewahren konnte. **Ich kann die Zeit nicht anhalten, aber mich für ein besseres Altern entscheiden.**

Ich war zwar nicht übergewichtig, dennoch störten mich die Kilos, die sich in den letzten zwei Jahren langsam angesammelt haben ... **Leider ist es so, dass der Körper ab 40 mehr zulegt und das Abnehmen schwieriger wird.** Beim Thema Gesundheit beschäftigten mich mein Schwangerschaftsdiabetes und der erhöhte Blutzuckerspiegel meines Bruders und meines Vaters.

Eines Tages entdeckte ich dann bei einer Freundin **ein Buch zur Reduzierung von Zucker**. Das war mein Aha-Erlebnis. Ich kaufte noch weitere Bücher zu diesem Thema und habe mich eingelesen, um es besser zu verstehen. Je mehr ich darüber las, desto mehr wollte ich es ausprobieren.

Verstehen ist der Schlüssel zum Einstieg und Erfolg. Deswegen sollte dieses Buch zunächst Erklärungen liefern und erst anschließend Ideen für Organisation und Rezepte geben.

Ich habe Chemie und Biologie studiert und mich schon immer **für Kochen und Ernährung interessiert.** Ich wusste, dass ich zu süß esse, wollte es mir aber nie eingestehen. Da ich eine absolute Naschkatze bin, wollte ich **keine radikale Diät** beginnen, die ich niemals durchhalten würde. Doch als ich mich mit der Ernährung mit niedrigem glykämischem Index (GI) beschäftigt habe, wusste die Wissenschaftlerin in mir, dass dies die ideale Ernährungsform für mich ist: Man muss lediglich auf die schlechten Kohlenhydrate verzichten und kann weiter Fette zu sich nehmen.

Damit war es an der Zeit für eine Veränderung! Ich muss zugeben, dass die ersten 30 Tage hart waren, doch es hat mir sehr geholfen, mich ständig weiter mit dem Thema zu beschäftigen und die Hintergründe zu verstehen. Inzwischen ernähre ich mich seit fast zwei Jahren zuckerfrei nach dem sogenannten Glyx-Prinzip. Es bringt so viele Vorteile mit sich: Ich bin im Alltag topfit, meine Gesundheit hat sich verbessert und die überschüssigen Kilos sind verschwunden!

Fazit: Die zuckerfreie Ernährung ist zu einer echten Lebensphilosophie für mich geworden und ich blicke gelassener in das Leben ab 40.

Warum nicht auch du?

In diesem Buch teile ich meine Erfahrungen und Erkenntnisse, damit auch du es schaffen kannst!

Bérengère

INFORMIEREN, ORGANISIEREN & DURCHSTARTEN

1

BEWUSSTSEIN SCHAFFEN

Du konsumierst zu viel Zucker? Oder denkst du, dass du nicht übertreibst, weil du eh schon wenig Süßes zu dir nimmst? Pass auf, denn das Gegenteil könnte der Fall sein. Ich kläre dich auf!

UNBEWUSSTE ZUCKERSUCHT

Der menschliche Körper **braucht Glukose (Zucker) als Energiequelle**, um zu funktionieren. Diese **kann jedoch schädlich sein**, wenn sie in zu großen Mengen konsumiert wird. Glukose und andere Zuckerarten (Fruktose, Galaktose) sind in vielen Nahrungsmitteln enthalten und können **unterschiedliche Formen** annehmen: als einfaches Molekül oder als Molekülkette. Wenn man Zucker meint, spricht man grundsätzlich von **Kohlenhydraten**.

VERSCHIEDENE ARTEN VON KOHLENHYDRATEN

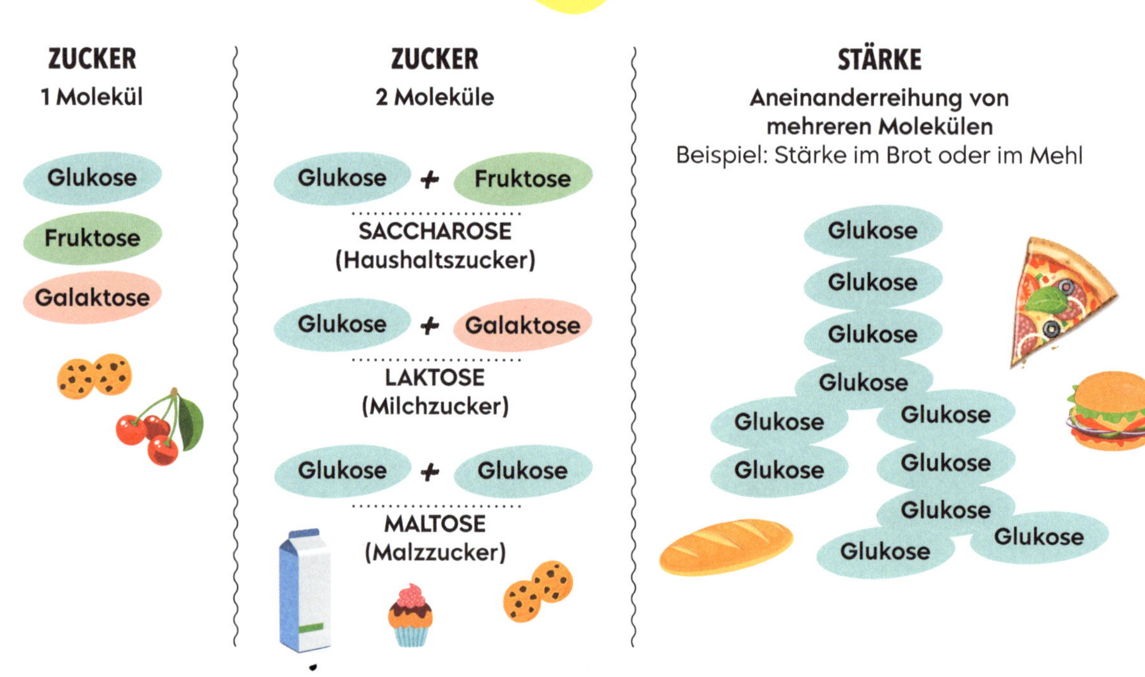

Unter Zucker versteht man grundsätzlich **Zucker** mit einem oder zwei Molekülen. Große Molekülketten nennt man **Stärke**. Weißzucker ist zum Beispiel eine Saccharose, eine Kombination aus Glukose und Fruktose.

Bei der Verdauung spalten Enzyme im Körper alle aufgenommenen Kohlenhydrate auf, bis nur noch Zucker aus einem Molekül übrig bleibt: Glukose, Fruktose und Galaktose. Wir beschäftigen uns in erster Linie mit Glukose, da diese eine direkte Auswirkung auf den Blutzuckerspiegel hat.

Der Blutzuckerspiegel gibt den Zuckergehalt im Blut an.

Nehmen wir ein konkretes Beispiel:

Bei herkömmlichem Weißbrot würde man nicht von einem zuckerhaltigen Nahrungsmittel ausgehen. In Wahrheit wird die im Brot enthaltene Stärke (Molekülkette aus Glukose) im Körper verdaut und in Einfachzucker gespaltet.

Resultat: Der Blutzuckerspiegel steigt steil an.

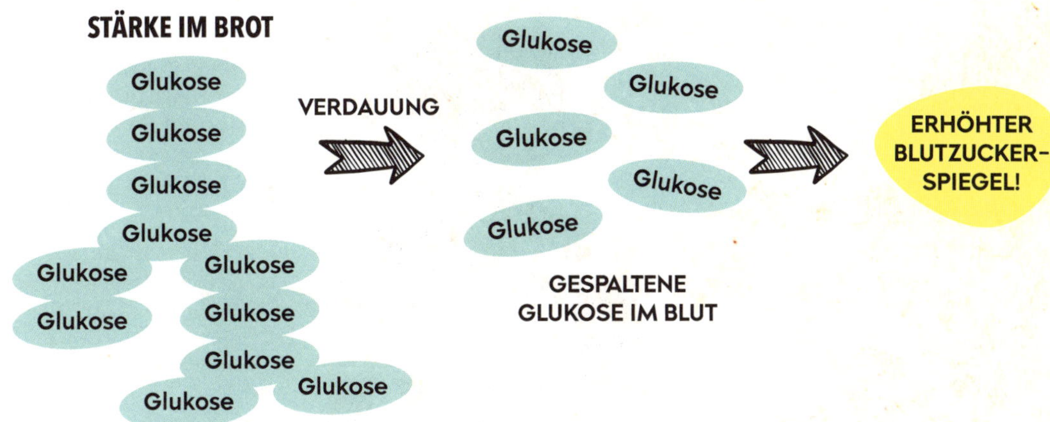

So schnell kann es gehen und du hast eine bedeutende Menge an Glukose im Blut, ohne auch nur ein Dessert gegessen zu haben.

Fazit: Nicht nur Zucker im Kuchen führt zu einem erhöhten Blutzuckerspiegel. Grundsätzlich sollte man auf alle Kohlenhydrate achten – ob sie nun in Süßspeisen oder in stärkehaltigen Nahrungsmitteln (Brot, Nudeln, Reis ...) vorkommen. Keine Angst, das heißt nicht, dass du komplett darauf verzichten musst. Es geht vielmehr darum, auf die Menge und Qualität der aufgenommenen Kohlenhydrate zu achten.

Stärkehaltige Nahrungsmittel, **die raffiniertes Mehl enthalten** (Weißbrot, herkömmliche Nudeln ...), sollten vermieden werden. **Weißmehl**, wie etwa gewöhnliches Weizenmehl Type 405 oder Type 550, hat zwar keinen süßen Geschmack, dennoch **wandelt es sich im Körper schnell in Glukose um und hat damit den gleichen Effekt wie Zucker**. Auf die »guten« Kohlenhydrate gehe ich später noch genauer ein.

WARUM IST ZU VIEL ZUCKER SCHLECHT FÜR DEN ORGANISMUS?

Wenn wir zu viel Zucker aufnehmen, hat dies Auswirkungen auf verschiedene Körperteile.

GEHIRN
Entzugserscheinungen wie bei einer Droge
→ **Reizbarkeit, Stress, Heißhunger auf Süßes**

ZÄHNE
Zucker + Mundbakterien = greift Zähne mit Säure an
→ **Karies**

HAUT
Phänomen der Glykation: Verbindung von Proteinen in der Haut + Zucker
→ **beschleunigte Alterung der Haut**
erhöhte Talgproduktion
→ **Akne**

HERZ UND BLUTGEFÄSSE
Erhöhte Triglyzerid- und Cholesterinwerte, erhöhtes Risiko für Bluthochdruck und Gefäßplaque
→ **Herz-Kreislauf-Probleme**

BAUCHSPEICHELDRÜSE
Erhöhter Blutzuckerspiegel + gestörte Insulinproduktion durch die Bauchspeicheldrüse
→ **Typ-2-Diabetes**

LEBER
Fruktoseüberschuss begünstigt Fetteinlagerungen in der Leber
→ **Fettleber**

DARMFLORA
Zucker füttert schädliche Darmbakterien, die sich dann vermehren
→ **gestörte Darmflora**
→ **geschwächtes Immunsystem**
→ **erhöhtes Risiko für Darmdurchlässigkeit** (kann zu Nahrungsmittelunverträglichkeiten führen)

GANZER KÖRPER
Zucker ist säurebildend und entzündungsfördernd
→ **chronische Entzündung**
Überschüssiger Zucker wird in Fett verwandelt
→ **Gewichtszunahme**

Hinweis: Krebszellen ernähren sich von Zucker.

2

VERSTEHEN

Um den Zuckerentzug zu schaffen, finde ich es wichtig, die Zusammenhänge zu verstehen. Ich habe viel recherchiert, über zehn Bücher zum Thema gelesen und das Internet durchforstet. Da ich von Natur aus synthetisch denke, wollte ich hier alles auf einfache Weise und mit visuellen Elementen und Schemata erklären. Nun also zur Synthese meiner Recherchen.

WAS PASSIERT MIT KOHLENHYDRATEN, NACHDEM ICH SIE GEGESSEN HABE?

Hier findest du eine kurze Erklärung zum Verdauungsprozess von Kohlenhydraten.

MUNDHÖHLE

Kauen
Vorverdauung bestimmter Kohlenhydrate (zum Beispiel Stärke im Brot)

↓

MAGEN

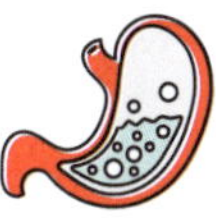

Magensaft führt den Verdauungsprozess von Nahrungsmitteln fort.

↓

DÜNNDARM

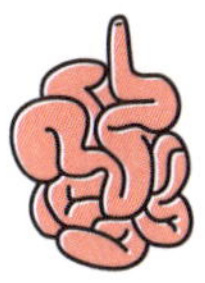

Letzter Schritt zur Entnahme der Nährstoffe aus der Nahrung, die dann ins Blut aufgenommen werden. Die Kohlenhydrate wurden in Glukose sowie Fruktose und Galaktose verwandelt.

↓

DICKDARM

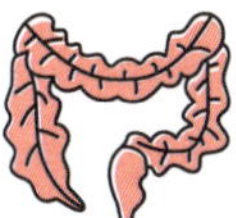

Nährstoffreste, die nicht ins Blut übergegangen sind, werden in Stuhl umgewandelt.

1. Phase: Die aufgenommenen Kohlenhydrate werden verdaut und **zum Teil** im Dünndarm **in Glukose umgewandelt**.

2. Phase: Die Glukose gelangt ins Blut, woraufhin der Blutzuckerspiegel steigt. Die Bauchspeicheldrüse dient dazu, die Glukose im Blut zu regulieren (und hält damit die Werte im Normalbereich und konstant). Hierfür schüttet sie Insulin aus, das den Transport von Glukose an verschiedene Orte fördert:

- Als Erstes profitieren unsere Zellen davon als Energielieferant;
- als Zweites wird die überschüssige Energie als **Glykogen** gespeichert (auf das der Körper bei Bedarf schnell zugreifen kann, zum Beispiel bei körperlicher Anstrengung);
- als Drittes wird **Glukose** bei zu großer Menge **in Fett umgewandelt** und an Körperstellen gelagert, die uns gar nicht passen (Gewichtszunahme). Diesen dritten Ort wollen wir vermeiden!

Nährstoffe (auch Glukose) gelangen ins Blut →

GLUKOSE

Von der Bauchspeicheldrüse ausgeschüttetes Insulin transportiert Glukose an verschiedene Orte:

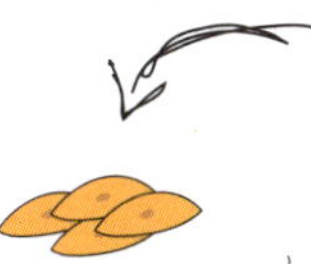

1. ZELLEN
direkte Verwertung

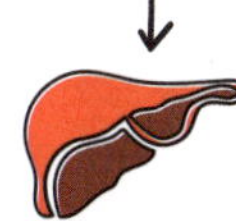

2. LEBER
schnell zugängliche Reserven in Form von Glykogen

3. FETTGEWEBE
langfristige Reserven in Form von Triglyzeriden (schlechte Fette)

Gilt es zu vermeiden

WELCHE KOHLENHYDRATE SIND GUT? UND WELCHE EHER WENIGER?

Nicht alle Kohlenhydrate haben die gleiche Wirkung auf den Organismus. Es hängt vielmehr von der Art der Nahrungsmittel ab.

Fall 1: Nahrungsmittel mit Kohlenhydraten, die schnell verdaut werden. Diese bewirken eine schnelle und größere Aufnahme von Glukose im Blut, was zu einem hohen Insulinspiegel und dadurch auch einem erhöhten Risiko der Speicherung im Fettgewebe führt. Dies geschieht, wenn sehr süße und viele stärkehaltige Nahrungsmittel (Weißbrot, herkömmliche Nudeln, Fertigteig) verzehrt werden.

Fall 2: Nahrungsmittel mit Kohlenhydraten, die langsam verdaut werden. Die Glukose wird Stück für Stück im Blutkreislauf aufgenommen, sodass das Insulin langsam ausgeschüttet wird. Das Risiko der Speicherung im Fettgewebe ist niedrig. Dies trifft auf Hülsenfrüchte oder Vollkornprodukte zu.

VERGLEICH VON ZWEI ARTEN VON KOHLENHYDRATREICHEN NAHRUNGSMITTELN

FALL 1:
Nahrungsmittel mit Kohlenhydraten, die schnell verdaut werden

FALL 2:
Nahrungsmittel mit Kohlenhydraten, die langsam verdaut werden

ballaststoffreich

VERDAUUNG

Schnelle Aufnahme von Glukose im Blut
↓
viel Glukose auf einmal
↓
hoher Insulinspiegel

Ballaststoffe im Dünndarm verlangsamen die Aufnahme von Glukose im Blut
↓
durchgehend niedriger Glukosegehalt
↓
wenig Insulin

LETZTES ZIEL VON GLUKOSE

ZELLEN

LEBER

FETTGEWEBE

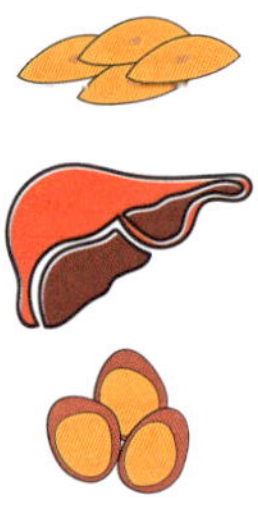

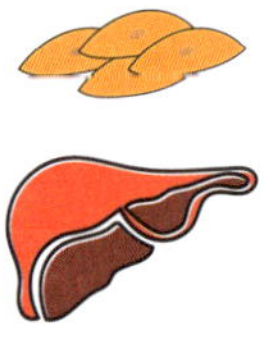

Hier gibt es keine Reserve in Form von Fettgewebe

Ballaststoffe – unsere besten Freunde

Ballaststoffe sind äußerst wichtig, da sie die Absorption von Glukose im Blut verlangsamen sowie einen steilen Anstieg des Blutzuckerspiegels und damit eine **Speicherung im Fettgewebe verhindern. Daher solltest du kohlenhydratreiche Nahrungsmittel mit natürlichen Ballaststoffen bevorzugen**, wie zum Beispiel Vollkornprodukte oder Hülsenfrüchte.

Produkte aus raffiniertem Getreide verfügen über keine Ballaststoffe, da die ballaststoffreiche Kleie entfernt wurde! Ohne Ballaststoffe wird dieses Getreide schneller verdaut und in Glukose umgewandelt. Damit hat es den gleichen Effekt auf den Blutzuckerspiegel wie Zucker.

Die beiden Kohlenhydrate unterscheiden sich in ihrer Zusammensetzung der Ballaststoffmenge sowie Stärkearten.

Zwei Arten von Stärke

Stärke besteht aus zwei Molekülarten: Amylose und Amylopektin, deren **proportionale Zusammensetzung vom jeweiligen Nahrungsmittel abhängig** ist.

1. Nahrungsmittel mit hohem Amyloseanteil (wie Hülsenfrüchte oder Basmatireis) **werden langsamer verdaut**, da die Verdauungsenzyme sie nur mühsam spalten können.

2. Nahrungsmittel mit hohem Amylopektinanteil (wie weißer oder klebriger Reis, Kartoffeln etc.) **werden viel schneller verdaut**. Dementsprechend haben sie eine viel größere **Auswirkung auf den Blutzuckerspiegel**.

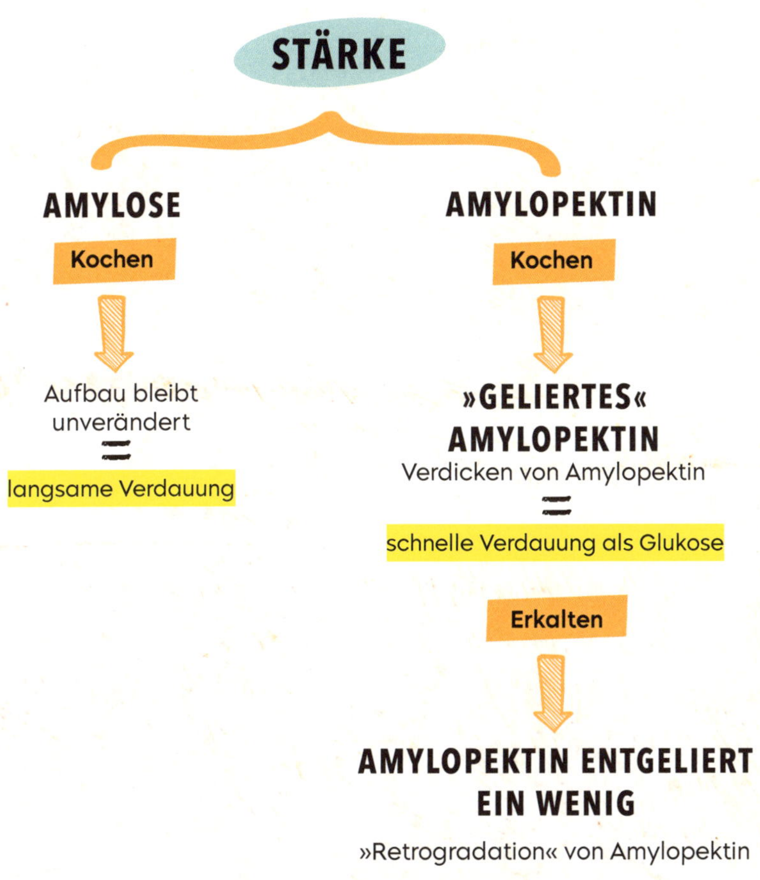

Hinweis: Stärkehaltige Nahrungsmittel haben im kalten Zustand eine geringere Auswirkung auf den Blutzucker, da das Amylopektin zum Teil in seinen ungekochten und weniger glykämischen Zustand zurückversetzt wird.

ORIENTIERUNG MIT DEM GLYKÄMISCHEN INDEX (GI)

Um die guten und schlechten Kohlenhydrate voneinander zu unterscheiden, können wir den sogenannten glykämischen Index (GI) zu Hilfe nehmen. Er gibt an, ob ein Nahrungsmittel den Glukosespiegel im Blut schnell ansteigen lässt oder nicht.

Achtung: Der GI eines Nahrungsmittels kann, abhängig von unterschiedlichen Faktoren, variieren, wie die Zubereitungsart oder das Kochverfahren.

Die drei GI-Kategorien

Der glykämische Index ermittelt die **Qualität von Kohlenhydraten**. Er misst die **Auswirkung eines Nahrungsmittels** in den ersten Stunden nach seiner Aufnahme **auf den Blutzuckerwert**. Der GI wird in drei Kategorien unterteilt:

NIEDRIGER GI	MITTLERER GI	HOHER GI
< 55	55–70	> 70

HIER NOCH EINE KLEINE GRAFIK ZUM EINFLUSS VON NAHRUNGSMITTELN AUF DEN BLUTZUCKER, BASIEREND AUF DEM GI

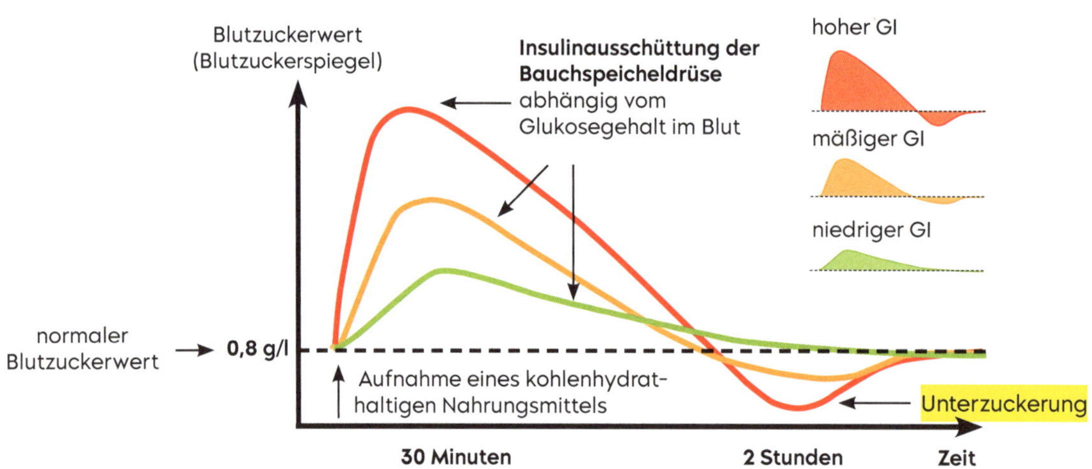

Rote Kurve: Blutzuckerspiegel nach der Aufnahme eines Nahrungsmittels mit hohem GI

30 Minuten nach der Aufnahme steigt der Blutzuckerspiegel steil an und bewirkt ein Insulinhoch, um den Blutzuckerwert wieder zu normalisieren. Das viele Insulin führt zu einer schnellen Senkung des Blutzuckers und zwei Stunden später auch zu einer Unterzuckerung. **Hungergefühl, Reizbarkeit und Müdigkeit nehmen zu.**

Grüne Kurve: Blutzuckerspiegel nach der Aufnahme eines Nahrungsmittels mit niedrigem GI

Der Blutzuckerspiegel steigt langsam an, es wird weniger Insulin ausgeschüttet. Resultat: Der Zucker gelangt langsam und stetig ins Blut. **Die Heißhungerattacken nehmen ab und die Energie hält länger an.**

EIN WEITERER BEGRIFF: DIE GLYKÄMISCHE LAST (GL)

Ein weiterer Messwert, den man berücksichtigen kann, ist die glykämische Last (GL). Sie misst die **Menge an Kohlenhydraten** in einem Nahrungsmittel.

Ein Beispiel: Ein Kürbis mit einem GI von 65 (leicht erhöht) weist eine schwache GL auf: 3,3 für 100 Gramm. Konkret heißt das also, dass ein Kürbis wenig Kohlenhydrate in 100 Gramm enthält. Demnach müsste man eine riesige Menge davon essen (mehr als 300 Gramm), damit es eine große Auswirkung auf den Blutzuckerspiegel hat.

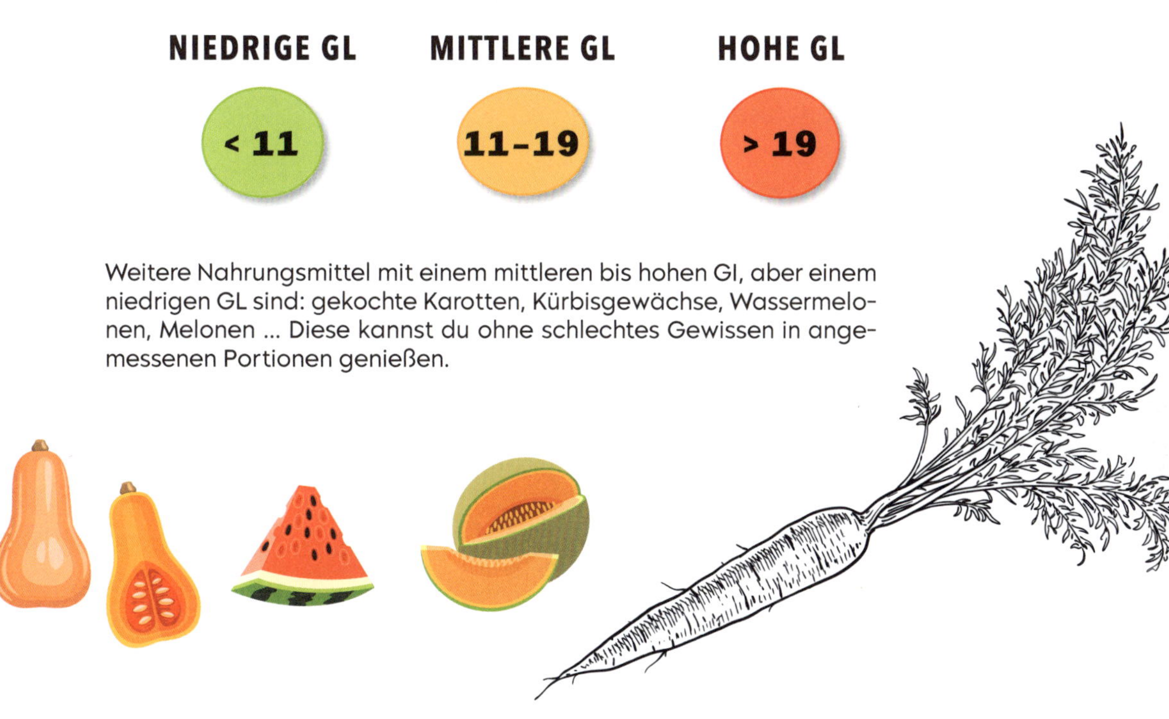

Weitere Nahrungsmittel mit einem mittleren bis hohen GI, aber einem niedrigen GL sind: gekochte Karotten, Kürbisgewächse, Wassermelonen, Melonen ... Diese kannst du ohne schlechtes Gewissen in angemessenen Portionen genießen.

Wenn du dich noch tiefer in die Materie einarbeiten möchtest, gibt es hier die Formel zur Berechnung der glykämischen Last:

$$\textbf{GL} = \frac{\text{GI} \times \text{Menge verfügbarer Kohlenhydrate pro Portion (in Gramm)}}{100}$$

Das ist dir alles zu kompliziert? Im Grunde genommen musst du dir nur Folgendes merken: Achte auf den GI der Nahrungsmittel. Wenn er niedrig ist, kannst du es essen, ohne dich schlecht zu fühlen. Wenn er mittel oder hoch ist, schaue einfach auf die GL!

- **Niedrige GL:** in begrenzten Mengen essen.
- **Hohe GL:** vermeiden oder nur zu bestimmten Anlässen essen.

Zum besseren Überblick kannst du die GI-Tabelle und weitere Infos zur GL auf den Seiten 32 und 33 nachschlagen.

WARUM AUF DIE GLYX-ERNÄHRUNG UMSTELLEN?

Wenn du dich für die Glyx-Ernährung entscheidest, entscheidest du dich auch für eine **bessere Qualität von Kohlenhydraten**. Sie versorgen den Körper mit der notwendigen Glukose. Diese gelangt jedoch nur langsam in den Blutkreislauf und setzt damit durchgehend Energie frei. Was bringt das? Damit können wir **Insulinhochs vermeiden**, die zu einer Störung der Bauchspeicheldrüse führen (erhöhtes Risiko für Typ-2-Diabetes) und eine Umwandlung von Glukose in schlechte Fette begünstigen (erhöhtes Risiko für Herz-Kreislauf-Erkrankungen). Und man vermeidet auch einfach eine Gewichtszunahme. Außerdem wirst du damit von **weniger Müdigkeitsattacken** geplagt und bist **insgesamt fitter**. Ganz zu schweigen von den vielen weiteren Vorteilen, die wir noch besprechen werden.

Ausgewogene und nachhaltige Ernährung

Nahrungsmittel mit niedrigem GI sind oft auch **gut für die Gesundheit**, denn sie sind:

- reich an Ballaststoffen, Vitaminen und Spurenelementen,
- arm an entzündungsförderndem Zucker.

Es handelt sich um eine ausgewogene Ernährungsform, die **keine Lebensmittelgruppen ausschließt**, wie es die meisten Diäten tun. Proteine, Fette und Kohlenhydrate bleiben erlaubt, während lediglich auf jene Kohlenhydrate verzichtet wird, die einen niedrigen Nährwert haben.

Diese »Diät« kann man ein Leben lang befolgen, ohne Risiken für die Gesundheit einzugehen. Für mich ist es gar keine Diät, sondern einfach eine bessere Art, mich zu ernähren.

Ich wollte ein bisschen Gewicht verlieren, ohne zu verzweifeln oder auf eine einschränkende Ernährung zu setzen, die im Alltag und auf Dauer unmöglich einzuhalten wäre. Vor allem wollte ich aber keinen Vitamin- oder Mineralstoffmangel. Die Glyx-Ernährung war also perfekt! Man stirbt nicht vor Hunger, isst besser und abwechslungsreicher, hat immer noch Freude am Essen und muss nicht auf alle Fette verzichten.

Eine Diät ohne Fettverbot

Tatsächlich haben alle Fette per Definition einen GI von null. Fett ist ein Geschmacksträger, der das Gehirn beruhigt und Zuckergelüste lindert.

Vorsicht: Man sollte es trotzdem nicht übertreiben und **gute Fette bevorzugen (ungesättigte Fettsäuren)**, die in Ölsamen (Walnüssen, Mandeln, Haselnüssen ...), fettreichen Fischsorten (Lachs, Sardinen ...), gesunden Ölen (Oliven-, Walnuss-, Traubenkern-, Raps-, Leinöl ...),Avocado und selbst in Kakaobutter vorkommen.

Auch **schlechte Fette (gesättigte Fettsäuren)** können konsumiert werden, jedoch **in kleineren Mengen**, um Herz-Kreislauf-Problemen vorzubeugen. Hierunter fallen Käse, Fleisch, Wurstwaren, Butter ...

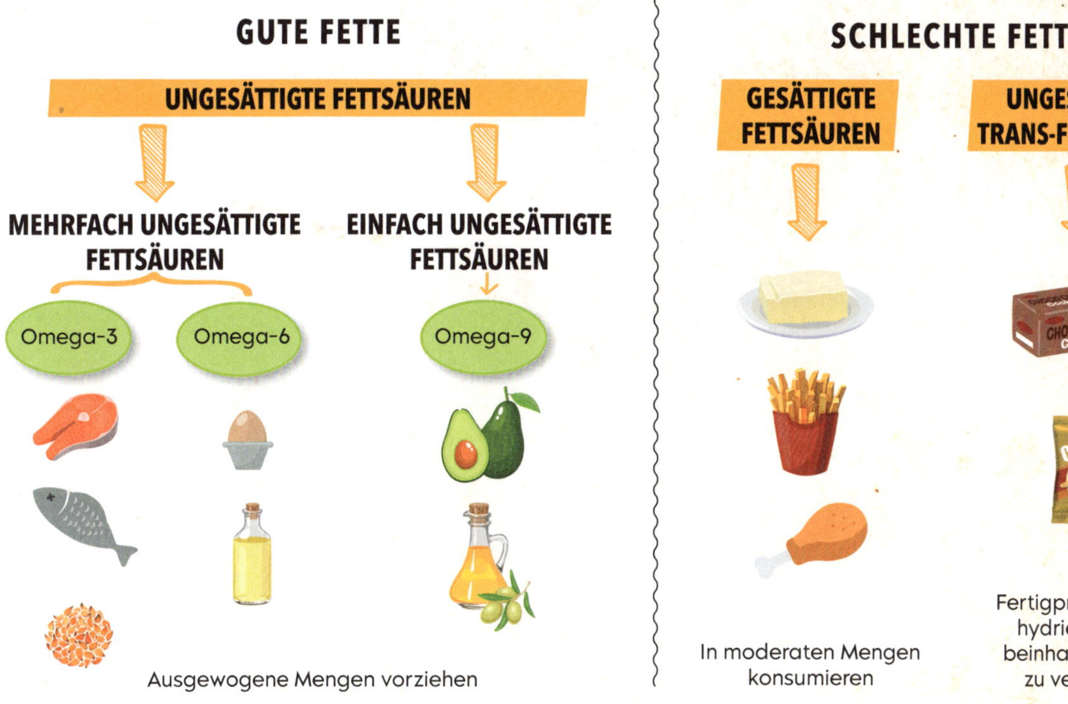

Achtung: Für eine praktischere Handhabung und bessere Konservierung »hydriert« die Lebensmittelindustrie die guten ungesättigten Fettsäuren. Dabei werden diese in ungesättigte Trans-Fettsäuren verwandelt, die sehr schlecht für die Gesundheit sind (erhöhtes Risiko für Herz-Kreislauf-Erkrankungen) und meiner Meinung nach verbannt werden sollten. Achte genau darauf: Wenn in der Zutatenliste »hydrierte Fette« aufgelistet sind, lasse bloß die Finger davon!

Eine Ernährungsform, bei der man nicht zunimmt und sogar ein bisschen Gewicht verliert

Bei der Aufnahme von Kohlenhydraten mit niedrigem GI wird die Glukose langsam im Blut aufgenommen. Hierdurch wird sie direkt verbraucht und nicht in Form von Fettablagerungen gespeichert. Je weniger Kohlenhydrate du zu dir nimmst, desto eher wird der Körper auf das Fett als Energielieferant zurückgreifen und somit einen Gewichtsverlust begünstigen.

Zu viel Glukose fördert Übergewicht!

Noch eine gute Nachricht: Gute Fette, die in normalen Mengen konsumiert werden, führen nicht zu einer Gewichtszunahme, **da der Körper diese braucht!** Sie werden für das Gehirn, die Zellen, die Hormonproduktion und anderes mehr gebraucht. Es ist also unwahrscheinlich, dass diese Fette gespeichert werden. Außerdem sättigen sie viel schneller als Kohlenhydrate: Es bedarf keiner großen Mengen, um den Hunger zu stillen. Beispielsweise würde man eher viel mehr Weißbrot essen als Mandeln.

Eine Ernährungsform, bei der man Gewicht verliert, ohne zu verzweifeln

Hier wird nicht verzweifelt, denn:

- **Du kannst ohne Schuldgefühle Fette zu dir nehmen.** Dabei möglichst auf gute Fette setzen.
- **Du bist schneller satt**, da Nahrungsmittel mit niedrigem GI oft reich an Ballaststoffen und guten Fetten sind.
- **Du hast deutlich weniger Heißhungerattacken auf Süßes**. Die Glyx-Ernährung vermeidet Insulinhochs und damit auch reaktive Unterzuckerung. Der Körper weist keinen Zuckermangel mehr auf. Der Entzug muss mindestens drei Wochen dauern, bis sich diese Wirkung zeigt.

Hinweis

Du kannst alle Proteine essen, die du willst (Fleisch, Fisch, Eier), da sie genau wie Fette einen GI von null haben.

HIER EIN KLEINES SCHEMA, DAS DIE GESUNDE GLYX-ERNÄHRUNG ZUSAMMENFASST

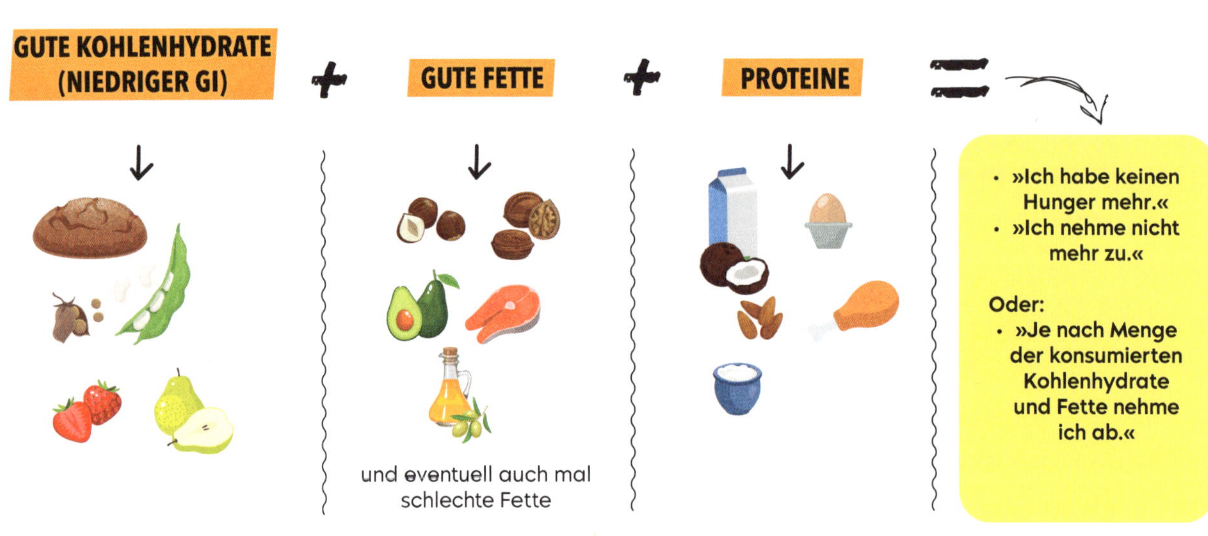

3

DIE VORTEILE

Die Glyx-Ernährung hat auch viele Vorteile, an die man gar nicht denken würde und die dein Leben verändern. Einige sieht man schon nach kurzer Zeit, andere erst auf Dauer. So bleibt man motiviert.

GEWICHTSVERLUST

Wenn man Kohlenhydrate mit niedrigem GI vorzieht, kommt man wieder auf sein Wohlfühlgewicht und wird Pfunde los, die mit anderen Diäten nicht verschwunden sind. Gerade ab 40 wird es immer schwieriger, sein Gewicht zu kontrollieren.

WENIGER AKNE

Wenn zu viel Insulin ausgeschüttet wird, kommt es zu einer Überproduktion von Talg und Verdickung der Lederhaut (Dermis). Resultat: Die Haut ist fettiger und glanzloser, was die Entstehung von entzündeten Pickeln begünstigt!

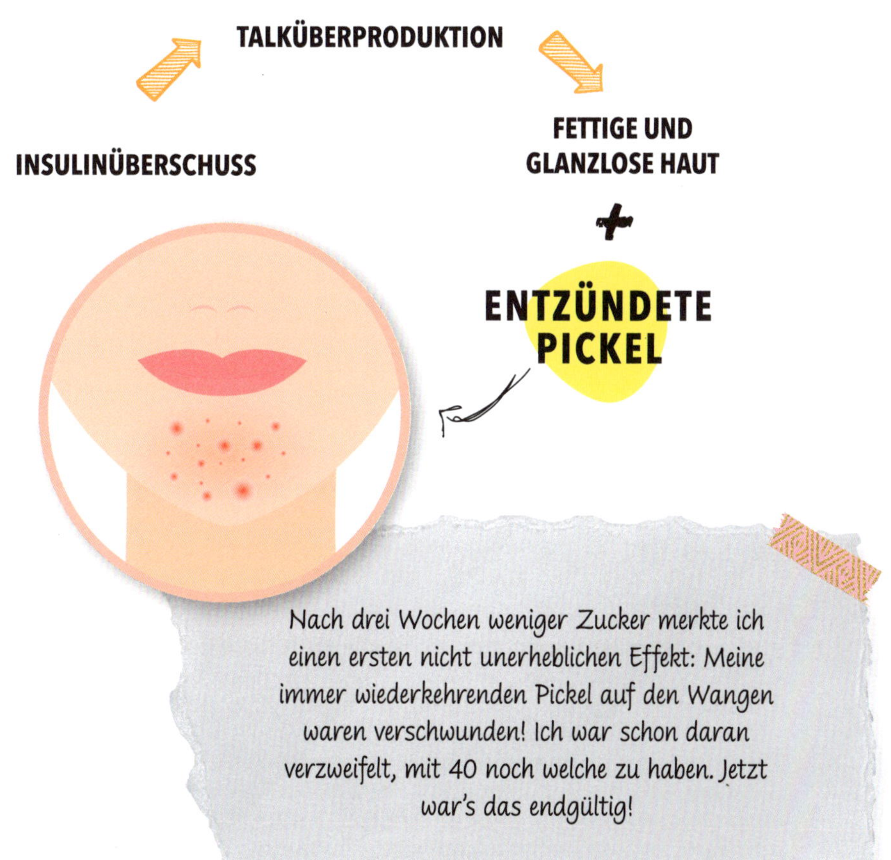

Nach drei Wochen weniger Zucker merkte ich einen ersten nicht unerheblichen Effekt: Meine immer wiederkehrenden Pickel auf den Wangen waren verschwunden! Ich war schon daran verzweifelt, mit 40 noch welche zu haben. Jetzt war's das endgültig!

EINE SCHÖNERE HAUT, DIE WENIGER SCHNELL ALTERT

Zu viel Zucker führt zu einer »Verzuckerung« (Glykation) der Zellen, die das **Kollagen und Elastin in der Haut schädigt und damit den Alterungsprozess beschleunigt**.

ZUCKER  **PROTEINE**

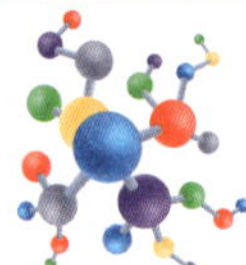

Bindung von Zuckermolekülen an Proteine

=

Reaktion als Glykation

Bildung von Verbindungen, die **Kollagen und Elastin verändern**

STRAPAZIERTE HAUT UND MEHR FALTEN

Die **Glykation** ist eine chemische Reaktion, bei der sich Zuckermoleküle an Aminosäuren (Proteine) anheften. Aus dieser Verkettung entstehen schädliche Verbindungen, die sich auf die Proteine auswirken.

Zu den **Proteinen** zählen **Kollagen** und **Elastin**. Wenn sich Zucker an diese heftet, »erstarren« sie und werden geschädigt, was wiederum eine beschleunigte Alterung verursacht.

Nach ein paar Monaten merkte ich, dass meine Haut glatter wirkt. Mir wurde sogar gesagt, dass ich einen strahlenden Teint habe.

EINE GESÜNDERE DARMFLORA

Mit weniger Zucker ist die Mikrobiota in einem Topzustand! Nicht umsonst spricht man vom Darm als unserem zweiten Gehirn. Der Darm beherbergt gute und schlechte Bakterien. Für die Gesundheit ist es wichtig, ein Gleichgewicht zwischen den beiden Bakterien zu erhalten (denn auch die schlechten Bakterien sind in begrenzten Mengen von Nutzen).

Kurz gesagt **ernähren sich die schlechten Darmbakterien** (wie der Pilz *Candida albicans*) **von Zucker und die guten von löslichen Ballaststoffen**. Wenn in der Darmflora ein Ungleichgewicht zugunsten der schlechten Bakterien herrscht, vermehrt sich *Candida albicans* und benötigt dafür mehr Zucker. Resultat: Das Gehirn verlangt nach Zucker. Und die Vermehrung bringt weitere Probleme mit sich: einen durchlässigen Darm und ein erhöhtes Risiko einer Nahrungsmittelunverträglichkeit, ein geschwächtes Immunsystem, Candidose etc.

Wenn du also weniger Zucker zu dir nimmst und **ausreichend lösliche Ballaststoffe konsumierst**, erhalten die guten Darmbakterien wieder mehr »Macht«. Dein Heißhunger auf Süßes lässt nach.

GESUNDE UND BALLASTSTOFFREICHE GLYX-ERNÄHRUNG

Mehr gute Bakterien | Nicht zu viel schlechte Bakterien

Darmflora im Gleichgewicht

weniger Heißhunger auf Süßes

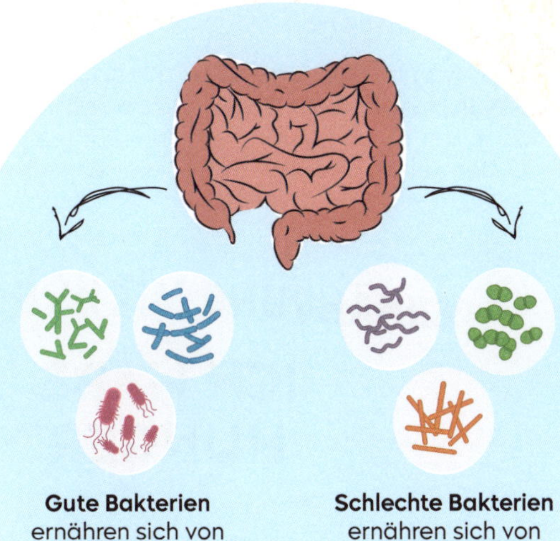

BALLASTSTOFFARME ERNÄHRUNG MIT HOHEM GI

Schlechte Bakterien vermehren sich | Gute Bakterien verarmen

Darmflora im Ungleichgewicht

Höherer Zuckerbedarf, Information wird an das Gehirn gesendet, um die die schlechten Bakterien zu ernähren

VORTEILE LÖSLICHER BALLASTSTOFFE

Die Mehrheit der pflanzlichen Nahrungsmittel beinhaltet lösliche und unlösliche Ballaststoffe in unterschiedlichen Proportionen. Gemüse, Obst und Hafer (Flocken, Kleie und Mehl), weiße und rote Bohnen sowie Gerste und Buchweizen etwa beinhalten viele lösliche Ballaststoffe, die **ideal für den Aufbau der Darmflora sind, die die Aufnahme von Glukose im Blut verlangsamen und die Darmpassage fördern.**

Zudem reizen sie nicht den Darm. Unlösliche Ballaststoffe hingegen können Blähungen verursachen, wenn der Körper nicht daran gewöhnt ist.

Mit einer gesunden Darmflora hast du **eine herausragende Passage, weniger Blähungen, eine bessere Verdauung** und wirst insgesamt weniger krank, da eine ausgewogene Darmflora fundamental ist, um das Immunsystem zu stärken und in Form zu sein. Mit der Glyx-Ernährung konsumierst du weniger Zucker, dafür mehr Ballaststoffe – es passt also perfekt!

Als ich mit der Glyx-Ernährung angefangen habe, habe ich schnell einen Unterschied in der Verdauung gemerkt. Schluss mit Verstopfung und Blähungen. Ich habe mich mit meinem Bauch versöhnen können!
Vorher vollzog ich jedes Jahr einen Monat lang eine Darmkur mit Probiotika (guten Bakterien), mit dem Ziel, meine Darmflora zu stärken. Ich empfehle, die Glyx-Ernährung mit einer solchen Kur zu starten, um das Gleichgewicht wiederherzustellen. Das sollte dir die Zuckerreduzierung auch ein wenig erleichtern.

WENIGER MÜDIGKEIT, DEPRESSIVE SCHÜBE, STIMMUNGSSCHWANKUNGEN UND HEISSHUNGERATTACKEN AUF SÜSSES

Zucker wirkt fast wie eine Droge: Der Körper verlangt immer mehr davon. Die Blutzucker-Achterbahn ist kein Zuckerschlecken. In der »hohen« Phase geht es dir noch gut, doch sehr schnell kippt es in die »tiefe« Phase, in der du von Müdigkeit, Stimmungsschwankungen und Stress geplagt wirst. Um diese zu überstehen, braucht der Körper erneut Zucker. Es ist ein wahrer Teufelskreis.

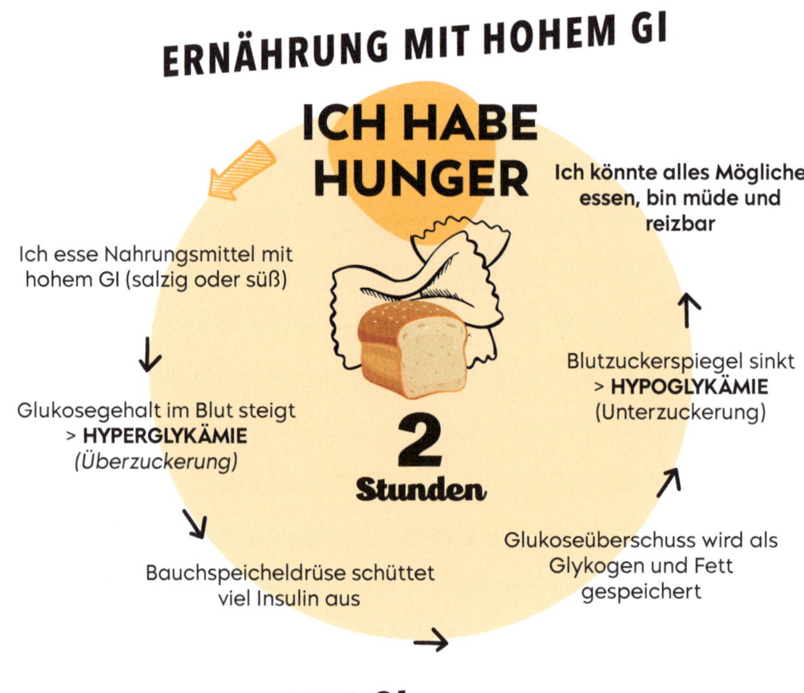

Wir müssen also den Teufelskreis (orange) durchbrechen und in den positiven Kreislauf (grün) kommen und diesen auch durchhalten. Die Zuckerentwöhnung kann nämlich drei bis vier Wochen dauern.

Seit ich mit der Glyx-Ernährung anfing, habe ich keine Müdigkeitsattacken mehr um 11 Uhr morgens und insgesamt länger Energie. Ich fühle mich stressresistenter und schlafe besser. Ich bin ganz besonders verblüfft, dass ich keine Heißhungerattacken mehr auf Süßes habe, eine echte Befreiung! Man muss es erlebt haben, um es zu glauben!

WENIGER SCHNUPFEN UND ANDERE ALLERGIEN

Mit der Glyx-Ernährung isst man besser und ballaststoffreicher. Resultat: Die Darmflora blüht förmlich. Wie wir wissen, spielt sie eine wichtige Rolle für das Immunsystem. Außerdem ist Zucker entzündungsfördernd: Ein reduzierter Konsum heißt somit weniger gesundheitliche Probleme.

In ihrem Buch *Zéro sucre* erzählt Danièle Gerkens davon, wie ihre Allergien um circa 75 Prozent zurückgegangen sind, als sie für ein Jahr auf Zucker verzichtet hat:

Normalerweise bin ich zu Herbstbeginn und im Winter immer verschnupft. Die öffentlichen Verkehrsmittel, in denen ich täglich über zwei Stunden fahre, sind echte Mikrobenschleudern. Dazu kommt das wechselhafte Wetter. Es gab kein Entkommen. Seit zwei Jahren habe ich jedoch nichts mehr!

WENIGER KARIES

Zucker führt zu Säureangriffen auf den Zähnen und begünstigt so auch die Kariesbildung. Wenn du deinen Zuckerkonsum reduzierst, hast du weniger Karies, deine Zähne werden weißer und sind weniger empfindlich.

Ich merke, dass meine Zähne weniger schnell dreckig werden (Schluss mit Plaque am Ende des Tages!) und mein Mund sich weniger »trocken« anfühlt.

REDUZIERTES RISIKO FÜR HERZ-KREISLAUF-KRANKHEITEN

Wie bereits gesehen, speichert der Organismus bei einer erheblichen Zuckeraufnahme den Überschuss in Form von Fett. Genau genommen handelt es sich dabei um Triglyzeride, ein schlechtes Fett, dass die **Arterien verstopft** (atheromatöse Plaque). Außerdem besteht ein **hohes Risiko für Bluthochdruck** (das insbesondere auf die Fruktose im Zucker zurückzuführen ist). Die meisten Typ-2-Diabetiker leiden übrigens an Bluthochdruck.

Ich habe meinen Gewichtsverlust am Bauch gemerkt, genau da, wo die schlechten Fette gespeichert werden.

MEIN **Fazit** VORHER/NACHHER

	VORHER		NACHHER
	• GEWICHT VON 55 KILOGRAMM		• GEWICHT VON 50 KILOGRAMM
	• LEICHTE AKNE • RAUE HAUT		• GLATTE UND PICKELLOSE HAUT
	• REGELMÄSSIGE VERDAU-UNGSSTÖRUNGEN • VERSTOPFUNG		• REIBUNGSLOSE VERDAUUNG
	• HEISSHUNGERATTACKEN GEGEN 10:30 UND 16 UHR • HEISSHUNGER AUF SÜSSES AM ENDE VON MAHLZEITEN • FAN VON DESSERTS UND NASCHEREIEN		• KEINE HEISSHUNGERATTACKEN ZWISCHEN MAHLZEITEN • DEUTLICH WENIGER HEISSHUNGER AUF SÜSSES • WENIGER GROSSES VERLAGEN NACH DESSERTS UND NASCHEREIEN
	• STRESS • MÜDIGKEIT • 6 STUNDEN SCHLAF		• MEHR GELASSENHEIT • WENIGER MÜDIGKEITSATTACKEN IM ALLTAG • GESÜNDERER SCHLAF: 7 STUNDEN
	• DREI- BIS VIERMAL IM JAHR VERSCHNUPFT, DAVON EINMAL ERNSTHAFT		• AB UND AN SCHLEIM IM HALS, DER JEDOCH NICHT ANDAUERT

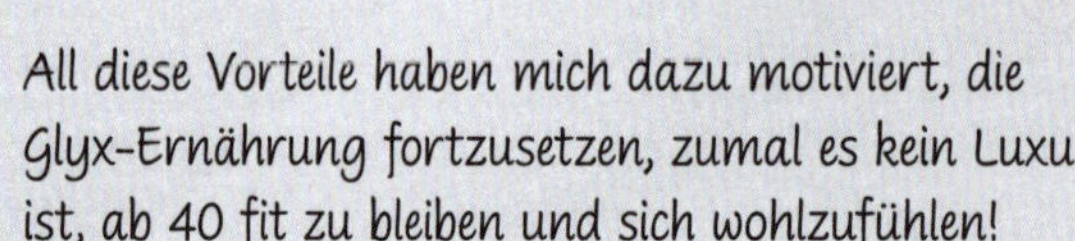

All diese Vorteile haben mich dazu motiviert, die Glyx-Ernährung fortzusetzen, zumal es kein Luxus ist, ab 40 fit zu bleiben und sich wohlzufühlen!

DOKUMENTATION

Nach ein bis zwei Wochen

Die **ersten Auswirkungen** zeigen sich im **Verschwinden der Spätakne** und einer **deutlich besseren Verdauung** (dank der Ballaststoffe).

Nach drei bis vier Wochen

Besonders schwierig war es im ersten Monat, nicht dem Heißhunger auf Süßes am Ende einer Mahlzeit nachzugeben. Kekse und Schokolade habe ich aus Gewohnheit und quasi zur Stressbewältigung zu mir genommen. Ein süßer Augenblick, in dem ich dem hektischen Alltag entfliehen konnte!

Zum Glück haben sich die **Heißhungerattacken nach Süßem nach drei bis vier Wochen gelegt**. Ich konnte es nicht fassen – ausgerechnet ich, die zum Ende jeder Mahlzeit ein Dessert haben musste und Naschereien liebte! Außerdem hatte ich um 10:30 Uhr auch einfach keinen Hunger mehr.

Im ersten bis vierten Monat

Im ersten Monat habe ich ein Kilogramm an Gewicht verloren, im Folgemonat zwei Kilogramm und dann noch mal zwei Kilogramm in den letzten beiden Monaten (das stimmt auch mit den Phasen überein, auf die ich später eingehe). Es waren eben die Kilos, die sich seit zwei Jahren angesammelt hatten und die ich ohne Erfolg verzweifelt versucht habe loszuwerden. Ich hatte damit mein Ziel erreicht. Daraufhin erhöhte ich die Menge an Nahrungsmitteln, um nicht noch mehr abzunehmen.

Ab dem zweiten Monat

Ich musste zudem feststellen, dass ich insgesamt **ausgeglichener und weniger gestresst** war. Das fiel mir ganz besonders während einer stressigen Zeit auf der Arbeit auf. Ich bin gelassen an die Sache herangegangen, habe mich weniger unter Druck gesetzt und den straffen Zeitplan mit mehr Ruhe abgearbeitet. **Mein bislang eher mittelmäßiger Schlaf hat sich auch gebessert**, sodass ich um 15 Uhr oder 18 Uhr keine Müdigkeit mehr verspürte!

Ab dem dritten Monat und danach

Nach einem Jahr habe ich ein Fazit über meine Krankheiten gezogen: nur ein bisschen Schleim im Hals, der eine Erkältung andeutete, aber auch gleich wieder verschwunden war. Das war's! Vorher habe ich drei- oder viermal im Jahr an Schnupfen und Halsschmerzen gelitten.

In meinem Alter merke ich, wie wichtig es ist, auf sich achtzugeben. Wenn ich also nur schon durch eine Ernährungsumstellung dafür sorgen kann, dass ich besser altere und weniger Medikamente nehmen muss, dann kann ich es ja auch umsetzen! Und ehrlich gesagt genieße ich das Essen nun sogar noch mehr.

4

DER GLYKÄMISCHE INDEX VON HAUPTNAHRUNGSMITTELN

Bevor du mit der Glyx-Ernährung beginnst, musst du deine Vorratsschränke aufstocken und die bösen Versuchungen loswerden. Hier kommt meine Musterliste (ohne Anspruch auf Vollständigkeit).

FÜR EIN SÄTTIGUNGSGEFÜHL

(dank Ballaststoffen!)

Hülsenfrüchte

- ☐ Kichererbsen
- ☐ Linsen
- ☐ weiße Bohnen und Kidneybohnen
- ☐ Flageolet-Bohnen
- ☐ Spalterbsen

Reis

- ☐ Basmatireis
- ☐ Vollkornreis oder Wildreis

Weiteres Getreide

- ☐ Haferflocken und Haferkleie
- ☐ Buchweizen
- ☐ Dinkelvollkorn

Mehl

- ☐ Weizenmehl Type 1600
- ☐ Gerstenmehl
- ☐ Buchweizenmehl
- ☐ Dinkelmehl Type 1600

→ **es gibt noch weitere Mehlsorten mit niedrigem GI, die du ausprobieren kannst (siehe GI-Tabelle auf S. 32)**

Nudeln

- ☐ Weizenvollkornnudeln
- ☐ Dinkelnudeln
- ☐ Hülsenfrüchte-Nudeln

Quinoa

Ölsamen

- ☐ Walnusskerne
- ☐ Haselnusskerne
- ☐ Mandelkerne
- ☐ gemahlene Mandelkerne

Samen

- ☐ Leinsamen
- ☐ Sesamsamen
- ☐ Kürbiskerne ...

Brot und Kräcker

- ☐ nur mit Vollkornmehlen, achte dafür auf die Angaben auf der Verpackung

Diese zwei Mehlsorten sind für mich unentbehrlich: Weizenmehl Type 1600 und Gerstenmehl

MILCHPRODUKTE

Sahne und pflanzliche Drinks auf Basis von ...

- ☐ Hafer
- ☐ Mandeln
- ☐ Cashewnüssen
- ☐ Soja
- ☐ Kokosnuss

Joghurt

- ☐ pflanzlicher Joghurt
- ☐ Schafjoghurt
- ☐ Ziegenjoghurt

Käse

Ich liebe Joghurt aus Kokosmilch. Am liebsten süße ich ihn mit Obst oder ein bisschen Kompott ohne Zuckerzusatz.

FETTE

- ☐ pflanzliches Öl
  Ich verwende am häufigsten:
  → **Oliven-, Raps- und Kokosöl (Sonnenblumenöl vermeiden, da es entzündungsfördernd ist)**
- ☐ Butter (in begrenzter Menge)
- ☐ Ölsamenmus (Mandel, Haselnuss, Erdnuss, weißer Sesam …)
- ☐ Kokoschips

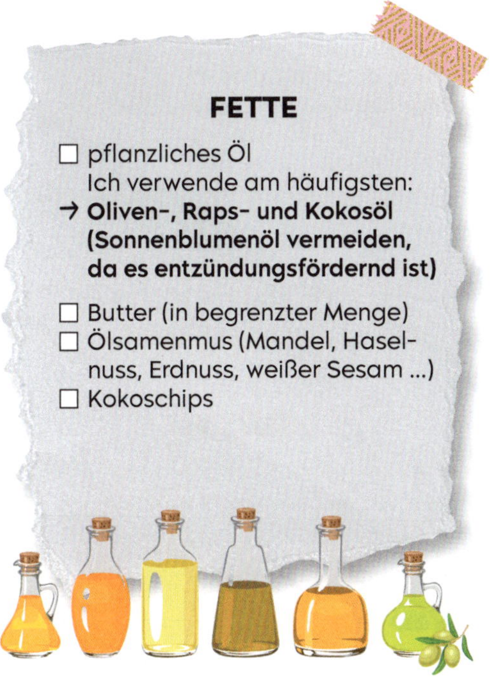

SÜSSES

Süßungsmittel in begrenzter Menge

- ☐ Kokosblütenzucker
- ☐ Birkenzucker (Xylit)
- ☐ Agavendicksaft
- ☐ Akazienhonig
- ☐ Kompott ohne Zuckerzusatz

Zartbitterschokolade mit einem Kakaogehalt von mindestens 70 Prozent

Kleine Naschereien

- ☐ Kekse auf Basis von Weizenmehl Type 1600 oder Vollkornmehl mit einem Zuckergehalt von weniger als 15 Gramm pro 100 Gramm
- ☐ Müsli, Granola mit einem Zuckergehalt von weniger als 10 Gramm pro 100 Gramm

Obst nach Wahl

→ **maximal zwei Stück/Portionen am Tag**

PROTEINE

- ☐ Eier
- ☐ Wurstwaren (Schinken, Bacon)
- ☐ Fisch
- ☐ Fleisch

→ **Schaf vermeiden, da zu fettig**

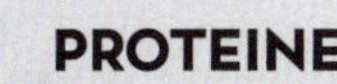

UND NATÜRLICH:

- **Gemüse nach Wahl** (außer Kartoffeln)
- **Rohkost nach Wahl**
- **aromatische Kräuter**
- **Avocados, Oliven**

KLEINE PRAKTISCHE EXTRAS BEIM KOCHEN:

- ☐ Zitronensaft aus der Flasche
- ☐ geschälte Tomaten aus der Dose
- ☐ Tomatensauce und Pesto
- ☐ körniger Senf
- ☐ Gewürze
- ☐ nette Dips als Beilage:
  - Hummus
  - Guacamole
  - Tapenade
  - Ktipiti

DIESE LEBENSMITTEL GILT ES ZU MEIDEN

Zucker ist nicht das einzige Nahrungsmittel, das gemieden werden sollte. Der Blutzuckerspiegel steigt nämlich auch durch bestimmte salzige Lebensmittel. Doch keine Sorge: Nach der Detox-Phase sind Ausrutscher erlaubt, schließlich muss man sich auch etwas gönnen dürfen. Außerdem existieren zu vielem Alternativen: Wenn du zum Beispiel Lust auf eine Pizza hast, kannst du mit Mehl mit niedrigem GI den Teig auch selbst backen.

Hier eine kleine (unvollständige) Liste von Lebensmitteln, die es zu vermeiden gilt:

SALZIG

- Produkte auf Basis von (raffiniertem) Weißmehl, wie Weizenmehl Type 405 bis 812, Reismehl, Maisstärke (Maïzena®) …
- Brot auf Basis von raffiniertem Mehl

- herkömmliche Getreidenudeln, vor allem wenn sie verkocht sind

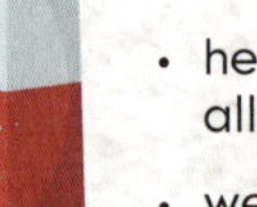

- weißer Reis (außer Basmatireis), Sushireis
- Kartoffeln in jeder Form
- Kuhmilch und Joghurt auf Basis von Kuhmilch (siehe Erklärung auf Seite 40)
- Alkohol, vor allem Bier mit einem GI von 110!

SÜSS

- Kekse, Müsli und Kuchen mit einem Zuckergehalt von mehr als 15 Gramm pro 100 Gramm
- gepuffte Zerealien
- Feingebäck
- weißer und brauner Zucker
- Softdrinks und Fruchtsaft
- Bonbons
- Vollmilchschokolade und weiße Schokolade

Alkohol hemmt den Fettabbau, verzögert das Sättigungsgefühl und erhöht den Heißhunger auf Süßes. Wenn du es nicht missen möchtest, solltest du Rotwein oder trockenen Weißwein bevorzugen, da sie einen niedrigeren GI aufweisen.

DARAN ERKENNST DU VERSTECKTEN ZUCKER IN FERTIGPRODUKTEN

Schaue dir die Zutatenliste an. Hinter diesen Begriffen verbirgt sich Zucker:

- **Zutaten, die auf »-ose« enden**: Saccharose, Dextrose, Maltose, Glukose, Fruktose, Galaktose, Laktose …
- Malz**extrakt**, Fruchtextrakt, Mais**sirup**, Reissirup, Glukosesirup …
- Mehl: Stärke, Dextrin, Maltodextrin …

TIPP: Die Zutaten sind immer in absteigender Reihenfolge ihres Anteils aufgelistet.

Keine Sorge, wenn zum Beispiel eine Tomatensauce einen Zuckergehalt von 3 Gramm pro 100 Gramm hat. Die Zahl ist noch klein und hat keine Auswirkungen. Es ist alles eine Frage der Quantität.

Achte in der Zutatenliste bei **Mehl und Getreide** immer darauf, dass es Vollkorn ist und einen niedrigen GI hat. Es kann etwa vorkommen, dass ein Brot als »Roggenbrot« verkauft wird, obwohl es in Wirklichkeit nur sehr wenig Roggenmehl enthält. Oftmals ist es eine Mischung aus einem Drittel Roggenmehl und zwei Drittel weißem Weizenmehl mit hohem GI!

INDUSTRIEBROT - EIN BEISPIEL:

DURCHSCHNITTLICHE NÄHRWERTE	PRO 100 GRAMM
Energie	**840 kJ/200 kcal**
Fett	**2,6 g**
- davon gesättigte Fettsäuren	**0,3 g**
Kohlenhydrate	**34 g**
- davon Zucker	**3,3 g**
Ballaststoffe	**9,7 g**
Eiweiß	**5,2 g**
Salz	**1,1 g**
Phosphor	**194 mg**
Magnesium	**65 mg**

Vollkornbrot aus Roggen-, Hafer- und Gerstenmehl:
Zutaten: Getreide* 55 % (**Roggen**vollkornmehl* 49 %, **Hafer**flocken* 3 %, **Gersten**flocken* 3 %), Wasser, Leinsamen*, Meersalz, **Sesam**samen*, Hefe.
*aus biologischem Anbau.
Mengenanteil: siehe Endprodukt

GEEIGNETE FERTIGPRODUKTE GEKONNT ERKENNEN:

1. Achte auf die Zuckermenge.

Produkte mit wenig Zucker bevorzugen. Kekse sollten weniger als 10 bis 15 Prozent Zucker pro 100 Gramm enthalten.

2. Achte auf die gesamten Kohlenhydrate.

Bei einer großen Menge solltest du (auch bei wenig Zucker) trotzdem die *Qualität der Kohlenhydrate berücksichtigen*, indem du dir die Zutatenliste anschaust. Haben sie einen niedrigen GI?

3. Achte auf die Menge an Ballaststoffen.

Wenn sie bei mehr als 5 Gramm liegt, umso besser, da der GI damit niedriger wird.

In diesem Beispiel weisen die Kohlenhydrate sehr wohl einen niedrigen GI auf: Vollkornmehl, Hafer, Gerste. Dieses Produkt eignet sich also hervorragend.

Idealerweise achtest du auch auf die Fette (Lipide): Bevorzuge Produkte mit einem kleinen Anteil an gesättigten Fettsäuren.

WIE KLAPPT ES TROTZ ZEITMANGEL?

Auch wenn du dich ein Minimum organisieren musst, wirst du nicht Stunden mit dem Kochen zubringen müssen. Es reichen ein paar Tricks zum schnelleren Kochen und Inspirationen aus den Medien deiner Wahl (Presse, Internet ...), um schnell Rezeptideen für deinen Wochenplan zu finden.

Meine Tipps zum Zeitsparen

Mein Alltag ist wie der vieler Frauen sehr voll: Arbeit (ich bin gegen 19 Uhr zu Hause), zwei Kinder (herzallerliebst, aber sie brauchen viel Aufmerksamkeit) und natürlich auch den Haushalt und andere organisatorische Aufgaben erledigen. Obwohl es nicht einfach werden würde, war ich motiviert, diese Herausforderung anzunehmen! Außerdem hatten wir Juni, also eine ruhigere Jahreszeit in meinem Leben, die es mir erlaubt hat, mich reinzuhängen.

Zur Umsetzung der Glyx-Ernährung muss man zwar etwas mehr kochen, doch mit einem Minimum an Arbeit kann man auch das bewerkstelligen. Da ich nicht *Wonder Woman* bin, wende ich die folgenden Tricks an, um Zeit zu sparen:

Wähle zwei bis drei Rezepte mit einer gleichen Zutat, zum Beispiel Aubergine, und bereite diese gleich in größeren Mengen für den nächsten Tag vor:
Tag 1: Gefüllte Aubergine,
Tag 2: Auberginen-Quiche.

Schnelle Rezepte unter der Woche

Einzelne Lebensmittel **am Vortag kochen**

Auf **vorgeschnittene Tiefkühlkost** (Gemüse, Zwiebeln, Knoblauch und aromatische Kräuter) und Hülsenfrüchte in **Konserven** zurückgreifen

Größere Mengen, die am nächsten Tag aufgegessen werden

Du kannst es auch mit dem Batch Cooking probieren. Hierfür wendest du am Wochenende zwei oder drei Stunden auf, um ein paar Gerichte für die Woche vorzukochen oder einzelne Zutaten vorzubereiten. Ich habe persönlich keine Lust, den ganzen Sonntag am Herd zu stehen. Es kann dennoch nicht schaden, ein bisschen vorzuplanen, um nach der Arbeit kostbare Zeit zu sparen. Meistens bereite ich zumindest ein Gericht für den Montag vor. Das kann eine ganze Mahlzeit sein oder das einfache Vorkochen von Getreideprodukten oder Gemüse, die länger brauchen und am Wochenbeginn verwertet werden.

DER SCHLÜSSEL ZUM ERFOLG: WÖCHENTLICHE ORGANISATION

Wer es schaffen will, muss organisiert sein. Das mag sich zu Beginn wie ein Zwang anfühlen, doch es ist nur eine Sache der Gewohnheit.

→ Bevor du einkaufen gehst, **plane** für die kommende Woche ein paar **Rezepte mit niedrigem GI** ein. Stöbere dafür in Kochbüchern und auf Pinterest oder folge Profilen auf Social Media, die sich mit *gesunder* Ernährung befassen. Du kannst auch immer mal wieder Rezepte speichern, die dir gefallen, und hast damit alle Ideen an einem Ort gesammelt.

→ Falls du interessante Rezepte entdeckst, die aber nicht explizit die Glyx-Methode befolgen, kannst du diese auch selbst abändern (auf Seite 59 erfährst du, wie das funktioniert).

→ **Notiere die Rezeptideen in einem Wochenplan**. Berücksichtige dabei immer auch die Zeit, die dir täglich zum Kochen bleibt. Notiere auch Kochzeiten, die du gegebenenfalls am Vortag einplanen musst.

→ Erstelle darauf basierend eine **Einkaufsliste** und kaufe die Zutaten ein.

Die Zeit, die du mit der Planung verbringst, gewinnst du dafür unter der Woche. Schluss mit dem täglichen Kopfzerbrechen über das Abendessen!

Du kannst natürlich auch:

- deine **Pläne** von einem auf den anderen Tag **verschieben** und die Reste einfrieren,
- **ungekochte Gerichte** einfach auf das Wochenende oder die folgende Woche **aufschieben**, wenn noch genug Reste übrig sind oder du eingeladen bist und auswärts isst.

Ich habe mir angewöhnt, die Menüs der Woche am Samstagmorgen zu planen.

- Ich pflanze mich mit Kochbüchern und den auf dem Handy gespeicherten Rezepten auf meine Couch.
- Ich lasse mich inspirieren und notiere einige auf einem Zettel.
- Ich fülle meinen Wochenplan und berücksichtige meinen Zeitplan, also etwa ob ich zu Hause sein werde oder spät arbeite. Ich notiere bei Bedarf Kochzeiten für den Vortag.
- Ich schreibe mir die Zutaten auf, die mir fehlen.
- Ich gehe einkaufen.

Finde den passenden Moment! Du musst mit einer halben bis ganzen Stunde rechnen, um so einen Plan zu erstellen (je nachdem, wie viele Gerichte du in einer Woche zubereitest). Du hast keine Zeit? Faule Ausrede! Es reicht schon, wenn du nur ein wenig die tägliche Fernsehzeit kürzt. Letztendlich brauchst du nur die Mahlzeiten am Wochenende und fünf Ideen für die Abendessen. Für das Mittagessen unter der Woche kannst du Reste verwerten oder auswärts essen, wenn du arbeitest.

DER GLYKÄMISCHE INDEX
VON HAUPTNAHRUNGSMITTELN

Zum Überblick über die guten Nahrungsmittel findest du hier ihren ungefähren GI.

MEHL, STÄRKE UND KLEIE	GI
raffiniertes Reismehl	90
Vollkornreismehl	85
weißes Weizenmehl Type 405	85
Maisstärke (Maïzena®)	80
raffiniertes Dinkelmehl	65
Kastanienmehl	65
Weizenmehl Type 1050	60
Hafermehl	50
Buchweizenmehl	45
Kamut®-Mehl	45
Weizenvollkornmehl Type 1600	45
Dinkelvollkornmehl Type 1600	45
Teffmehl	45
Roggenvollkornmehl Type 1740	40
Einkornvollkornmehl	40
Quinoamehl	40
Kokosmehl	35
Kichererbsenmehl	35
Erdmandelmehl	35
Linsenmehl	30
Gerstenmehl	30
gemahlene Mandel- und Haselnusskerne oder -mehl	20
Sojamehl	20
Lupinenmehl	15
Hafer- und Weizenkleie	15

Als ich mich mit dem glykämischen Index von Lebensmitteln auseinandergesetzt habe, bin ich auf viele Mehlsorten gestoßen, von denen ich vorher noch nie gehört hatte. Ich konnte dadurch sehr interessante neue Geschmacksrichtungen entdecken.

GETREIDE UND GETREIDE-PRODUKTE*	GI
Weizenbaguette	95
Schnellkochreis	87
Reiswaffeln	85
Toastbrot	70
Weizenzwieback	68
Gnocchi	68
Polenta	68
Croissant	67
feiner Grieß	65
Brot aus Mehl Type 1600	65
weißer Reis, in Wasser gekocht	64
Basmatireis	55
Bulgur	50
Ebly®-Weizen	50
brauner Reis	50
Vollkorngrieß	50
Vollkornbrot	49
Haferflocken	40
Quinoa	40

SÜSSUNGSMITTEL*	GI
weißer Zucker (Saccharose)	70
brauner Zucker, Rohrzucker	68
Konfitüre	65
Rapadura, Muscovado	65
Ahornsirup	55-60
Honig	35-80
Kokosblütenzucker	55
Agavendicksaft	15
Fruktose	12
Birkenzucker (Xylit)	7
Stevia	0
Erythrit	0

SCHOKOLADE*	GI
Vollmilchschokolade und weiße Schokolade	50-60
Zartbitterschokolade 70 %	25
Zartbitterschokolade 85 %	20

* GL moderat oder hoch

HÜLSENFRÜCHTE	GI
Erbsen	40
Kidneybohnen	40
weiße Bohnen	35
Kichererbsen	35
grüne Linsen	30
rote Linsen	26
Flageolet-Bohnen	25
Spalterbsen	22

NÜSSE UND ÖLSAMEN	GI
Pekannuss	15
Cashewnuss	15
Erdnuss	15
Mandel	15
Haselnuss	15
Walnuss	15
Pistazie	15

GEMÜSE	GI
Ofenkartoffeln*	95
gebratene oder frittierte Kartoffeln*	95
Kartoffeln, in Wasser gekocht*	75
gekochte Rüben	80
gekochter Knollensellerie	80
gekochte dicke Bohnen	65
Kürbis, Hokkaidokürbis	65
Esskastanien, Maronen*	60
gekochte Rote Bete	60
Mais	55
Süßkartoffeln	50
gekochte Karotten	50
gekochter Topinambur	50
Butternutkürbis	50
rohe Karotten	30
Tomaten	30
Auberginen	20

GI von 15 oder weniger:

Artischocke, Avocado, Blumenkohl, grüne Bohnen, Brokkoli, Endivie, Fenchel, Gurke, Knoblauch, Lauch, Paprika, Pilze, Radieschen, Rotkohl, Salat, Schalotte, Spargel, Spinat, Zucchini, Zwiebeln …

OBST	GI
Datteln*	103
Wassermelone	75
Melone	65
sehr reife Banane	63
Guave	63
Kirschen	60
schwarze Trauben	55
Papaya	55
Kiwi	50
unreife Banane	50
Mango	50
Ananas	50
Litschi	50
weiße Trauben	45
Orange	40
Apfel	38
Pfirsich	35
Pflaume	35
Birne	35
Nektarine	35
frische Feigen	35
Aprikose	35
Granatapfel	35
Clementine	30
Maracuja	30
Grapefruit	25
Beerenfrüchte: Erdbeere, Himbeere, Heidelbeere, Johannisbeere, Brombeere	25

Wie sieht es mit der glykämischen Last (GL) aus?

- Alle Getreideprodukte und Mehlsorten haben eine mittlere oder hohe GL. Auch wenn der GI niedrig ist, sollte auf die Tagesmenge geachtet werden.
- Alle Süßungsmittel haben eine hohe GL (außer Süßstoff). Selbst bei niedrigem GI sollten sie nur in begrenzten Mengen konsumiert werden, um keine Gewohnheiten nach Zucker zu etablieren. Einige sind zudem sehr fruktosereich, weswegen man es nicht übertreiben sollte.
- Frisches Obst hat immer eine niedrige GL (außer Bananen).
- Das meiste Gemüse hat eine niedrige GL (außer Kartoffeln, Esskastanien und Maronen).
- Hülsenfrüchte, Nüsse und Ölsamen haben eine niedrige GL.

NAHRUNGSMITTEL IM FOKUS

Hier findest du nützliche Informationen zu Alternativen von weißem Zucker sowie nähere Erklärungen zu bestimmten Nahrungsmitteln wie Schokolade, Fruchtsaft, Milch, Brot, Gemüse und Obst. Anschließend werde ich auf die Wichtigkeit von guten Fetten und Proteinen in der Glyx-Ernährung eingehen.

ZUCKERALTERNATIVEN

Eine strenge zuckerfreie Ernährung ist nur schwer umzusetzen. Man muss es sich auch mal gut gehen lassen, sonst wird man schnell schwach. Dabei soll es das Ziel sein, die Glyx-Ernährung möglichst das gesamte Leben beizubehalten! Du darfst also pro Woche ruhig ein bis zwei hausgemachte Desserts mit natürlichem Zucker oder Alternativen zubereiten.

Kokosblütenzucker

Kokosblütenzucker wird meistens mit einem GI von 35 beworben, obwohl er in Wirklichkeit einen GI von circa 55 hat. Daher sollte er nur in begrenzten Mengen benutzt werden. Er hat ein gutes Kochverhalten und enthält Vitamine und Mineralstoffe. Ich habe ihn selbst mehrfach beim Kuchenbacken getestet und er ist perfekt geeignet. Dieser Zucker passt geschmacklich jedoch nicht zu Zitrusfrüchten. Und ich kann dir versichern: Er schmeckt überhaupt nicht nach Kokosnuss!

Zusammenfassend lässt sich sagen, dass es sich um den am wenigsten schlechten natürlichen Zucker handelt! Vermeide es dennoch, mehr als 50 Gramm davon in einem Rezept zu verwenden!

Fruchtzucker

Fruktose, auch Fruchtzucker genannt, hat einen GI von 12. Man könnte also meinen, dass man alles damit süßen kann. Leider haben Forschungen ergeben, dass zu viel Fruchtzucker extrem gesundheitsschädigend ist. Ab und zu sind kleine Mengen also in Ordnung, aber nicht im täglichen Gebrauch.

In zu großen Mengen hat Fruchtzucker mehrere schädliche Auswirkungen:

- erhöhtes Risiko für Insulinresistenz **(Diabetes),**
- erhöhte Triglyzeridwerte im Blut und Speicherung in der Leber und im Fettgewebe **(Fettleber, Gewichtszunahme und erhöhtes Risiko für Herz-Kreislauf-Erkrankungen),**
- vermehrte Harnsäureproduktion **(erhöhtes Risiko für durch Gicht verursachte Gelenkschmerzen, Bluthochdruck).**

FRUCHTZUCKER

Blutzuckerspiegel steigt nicht

- Gehirn wird über vermeintliche Zuckeraufnahme informiert → **Störung**
- Erhöhtes Risiko für Insulinresistenz bei Überschuss → **erhöhtes Risiko für Diabetes**

erreicht die Leber

WIRD IN FETTSÄURE UMGEWANDELT

Ein zu großer Konsum von Fruchtzucker begünstigt auch Bluthochdruck.

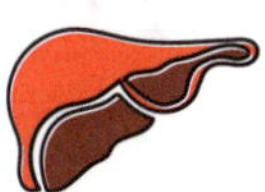

Speicherung in der Leber → **erhöhtes Risiko für Fettleber**

Speicherung im Fettgewebe → **erhöhtes Risiko für Übergewicht, Herz-Kreislauf-Erkrankungen**

Es ist wie immer **eine Frage der Menge**: Ein bisschen Fruchtzucker eignet sich sehr wohl zum Süßen von Kuchen, wenn du gleichzeitig anderen Fruchtzucker vermeidest (Fruchtsaft, Obst, Softdrinks …) und eine angemessene Menge Kuchen zu dir nimmst.

WO IST FRUCHTZUCKER ENTHALTEN?

Fruchtzucker befindet sich in Zucker (Saccharose = 1 Glukosemolekül + 1 Fruktosemolekül), Obst (variiert je nach Sorte), Agavendicksaft, Honig …

Es gilt, die Grenze von 50 Gramm Fruchtzucker pro Tag **nicht zu überschreiten**. Das entspricht zwei Litern Softdrink oder 1,5 Litern Apfelsaft. Auch wenn es wenig klingt, erreicht man diesen Wert sehr schnell, wenn man an einem Tag viel Obst und süße Kekse zu sich nimmt und Softdrinks oder Fruchtsaft trinkt.

Agavendicksaft

Agavendicksaft besteht hauptsächlich aus Fruchtzucker (75 Prozent Fruktose und 25 Prozent Glukose). Dadurch hat er die gleiche Wirkung wie purer Fruchtzucker und sollte nur in Maßen konsumiert werden. Er hat einen neutralen Geschmack und süßt stärker als Zucker. Als Ersatz für Haushaltszucker musst du die Menge um ein Drittel reduzieren.

Honig

Honig enthält Glukose und Fruktose. Sein GI kann je nach Ursprung und Marke variieren und ist abhängig vom Glukosegehalt. Hier gilt es, Akazienhonig zu bevorzugen (GI = 35), jedoch nur in moderaten Mengen, da er immer noch viel Fruktose enthält.

Bevorzuge flüssigen Honig! Je mehr Glukose der Honig enthält, desto fester ist er. Honig, der flüssig bleibt, hat demnach einen mittleren Glukosegehalt und hohen Fruktosegehalt.

Yacon-Sirup

Der aus einer Knolle gewonnene Yacon-Sirup ist ganz besonders interessant, da er lösliche Ballaststoffe enthält, wie etwa Inulin, das einen süßen Geschmack hat und nicht von unseren Enzymen abgebaut wird – daher ist es nützlich für die Darmflora. Der Sirup ist jedoch nur schwer zu finden und sehr teuer.

Süßstoff als Zuckerersatz

Da sie keine oder nur wenig Glukose und Fruktose enthalten, könnte man davon ausgehen, dass sie der Schlüssel zur Lösung sind. Man sollte es allerdings **nicht übertreiben, da sonst der süße Geschmack und die Heißhungerattacken auf Süßes weiter genährt werden**. Nicht vergessen: Das Ziel ist es, sich an einen reduzierten Zuckerkonsum zu gewöhnen. Süßstoffe puschen allerdings die Zuckersucht (ach, Gehirn!).

Es ist dennoch möglich, sich von Zeit zu Zeit ganz ohne Schuldgefühle einen guten Kuchen zu gönnen, indem man Süßstoff statt Zucker nimmt. Der GI von Süßstoffen liegt bei weniger als 10 und sie können auch beim Kochen eingesetzt werden.

Vorsicht: Einige Süßstoffe sind schädlich! Das trifft auf Aspartam und Acesulfam K zu. Andere Süßstoffe können auch schlecht für die Darmflora sein. Meine Recherchen haben ergeben, dass folgende Süßstoffe gesundheitlich »unbedenklich« sind: **Stevia, Xylit (Birkenzucker) und Erythrit**. In sehr großen Mengen können sie jedoch trotzdem Darmstörungen verursachen. Ich persönlich benutze Süßstoffe nur ab und zu.

Obst

Man kann Kuchen auch mit Kompott ohne Zuckerzusatz oder einfach mit frischem Obst süßen. Sie bringen Fruktose und ein wenig Glukose, insgesamt jedoch in vergleichsweise kleinen Mengen. Die in ihm enthaltenen Ballaststoffe führen insgesamt zu einer Senkung des GI.

Trockenfrüchte sollten vermieden werden, da sie einen sehr hohen GI aufweisen. Dattelzucker benutze ich zum Beispiel gar nicht.

KLEINE ÜBERSICHT ZU SÜSSUNGSMITTELN

Ich rate von braunem Zucker, Vergeoise-Zucker, Rohrzucker und Vollrohrzucker (Muscovado und andere) ab. Auch wenn diese interessante Mineralstoffe enthalten, ist ihr GI zu hoch.

ZUCKERERSATZ	GI	KALORIEN PRO 100 GRAMM	KOCHVERHALTEN IM VERGLEICH ZU WEISSEM ZUCKER	SÜSSSTÄRKE IM VERGLEICH ZU WEISSEM ZUCKER	GESCHMACK
brauner Zucker, Vergeoise-Zucker, Rohrzucker	68	390	identisch	identisch	Karamell, Vanille
Vollrohrzucker, Muscovado	65	380	identisch	75 g = 100 g weißer Zucker	Karamell, Lakritze
Ahornsirup	55-60	260	identisch	65 g = 100 g weißer Zucker	ein bisschen wie brauner Zucker
Kokosblütenzucker	55	390	identisch, perfekt für Karamellisieren	ein bisschen weniger süß	Karamell, passt nicht zu Zitrusfrüchten
Akazienhonig	35	300	identisch	65 g = 100 g weißer Zucker	Honig
Agavendicksaft	15	310	identisch	60 g = 100 g weißer Zucker	neutral
Xylit (Birkenzucker)	7	240	identisch	identisch im kalten Zustand; 30 % süßer im erhitzten Zustand	neutral
Yacon-Sirup	1	200	identisch	25 g = 150 g weißer Zucker	Karamell
Erythrit	0	20	identisch	ein bisschen weniger süß	eher neutral, Lakritze
Stevia	0	0	bis 180 °C, kein Karamellisieren	1 g = 100 g weißer Zucker	Lakritze, erst recht nach dem Kochvorgang

Hinweis: Weißer Zucker hat einen GI von 70 und liefert 400 Kalorien pro 100 Gramm.

Unser Körper braucht Glukose, da es seine primäre Energiequelle ist. Wenn du Kuchen mit Zuckerersatz zu dir nimmst, esse weniger Kohlenhydrate während der Mahlzeit.

Am besten greifst du **abwechselnd** auf **mehrere Süßungsmittel** zurück oder kombinierst zwei in einem Rezept. In älteren Rezepten kannst du übrigens die Zuckermengen um mindestens ein Drittel reduzieren: Du wirst selbst merken, dass die kleinere Menge fast nichts am Geschmack ändert!

MUSST DU DICH VON SCHOKOLADE VERABSCHIEDEN?

Schokoladenfans dürfen sich freuen, da Schokolade mit einem Kakaogehalt von mehr als 70 Prozent einen niedrigen GI hat. Je dunkler die Schokolade, desto weniger Zucker und mehr Fett enthält sie. **Aber sind es auch gute Fette?**

Gesättigte Fettsäuren erhöhen grundsätzlich den Cholesterinspiegel, weswegen man sie nicht übermäßig konsumieren sollte. Leider besteht Kakaobutter zu zwei Dritteln aus gesättigten Fettsäuren. Trotzdem erhöht Zartbitterschokolade nicht den Cholesterinspiegel. Woran liegt das?

Kakaobutter enthält:

- **zwei gesättigte Fettsäuren (schlechte Fette):** Stearinsäure (circa 34 Prozent) und Palmitinsäure (circa 28 Prozent);
- **zwei ungesättigte Fettsäuren (gute Fette):** Ölsäure (circa 35 Prozent), die einfach ungesättigt ist, und geringe Mengen von Linolsäure (circa 3 Prozent), die mehrfach ungesättigt ist.

Im Gegensatz zu den anderen gesättigten Fettsäuren **erhöht Stearinsäure nicht den Cholesterinspiegel**, da sie sich im Organismus schnell in (einfach ungesättigte) Ölsäure umwandelt.

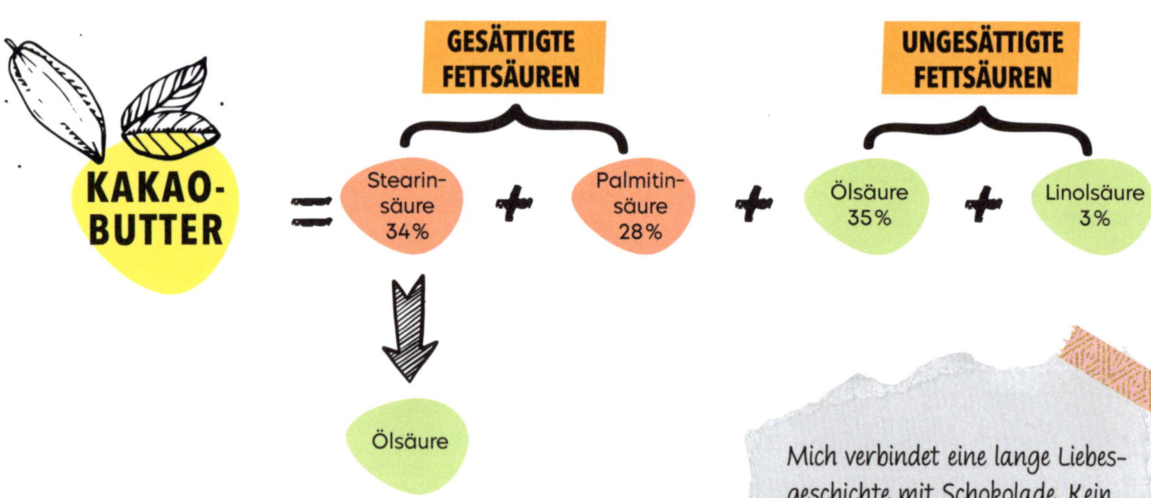

Durch die Umwandlung der Stearinsäure zählt Kakaobutter zu Fetten, die viel Ölsäure enthalten, wie zum Beispiel Olivenöl. Außerdem ist Zartbitterschokolade reich an Antioxidantien wie Flavonoide, von denen Katechin und Epikatechin **für ihre positiven Effekte auf das Herz-Kreislauf-System bekannt sind. Sie enthält zudem Mineralstoffe** wie Magnesium und Phosphor, aber auch Kalium, Eisen, Zink sowie **Vitamine**, insbesondere aus der B-Gruppe. Es gibt also nur gute Gründe, Zartbitterschokolade zu genießen!

Mich verbindet eine lange Liebesgeschichte mit Schokolade. Kein Tag vergeht, ohne in den Genuss zu kommen! Ich liebte Vollmilchschokolade, die Umstellung war also nicht einfach. Stück für Stück gewöhnte ich mich aber doch daran. Ich habe Zartbitterschokolade unterschiedlichen Ursprungs durchprobiert und dabei welche gefunden, die feiner und dadurch für mich angenehmer waren. Nach einer Weile griff ich mal wieder zu Vollmilchschokolade: Ich fand sie nun viel weniger ansprechend, nicht herb genug. Das zeigt, dass man sich an alles gewöhnen kann!

WELCHES BROT IST ZU EMPFEHLEN?

Achte bei der Wahl von Brot auf ein Mehl mit niedrigem GI. Heutzutage findet man sie zuhauf, zum Beispiel in Plastik abgepackt im Bioregal. Oder frage in der Bäckerei deines Vertrauens nach Brot mit Vollkornmehl. Du kannst am Wochenende auch selbst Brot backen und es für die Woche einfrieren (siehe Brotrezepte ab Seite 118).

Brot ist reich an Kohlenhydraten und hat eine mittlere glykämische Last. Achte also ganz besonders auf die Menge, insbesondere wenn du gleichzeitig andere stärkehaltige Lebensmittel zu dir nimmst – auch wenn diese einen niedrigen GI aufweisen.

Eine interessante und schmackhafte Alternative zu Brot sind Vollkornkräcker, denen oftmals zusätzlich Kerne und Samen beigemischt werden.

GUTE FETTE SIND WICHTIG

Zwar haben Fette grundsätzlich einen GI von null, doch sollten schlechte Fette (tierische Fette) trotzdem begrenzt werden, um Entzündungen und deren Speicherung im Fettgewebe vorzubeugen.

Gute Fettsäuren sind deine Freunde (siehe Seite 17). Sie sind essenziell für den Organismus und werden einfacher »verbrannt« als schlechte Fette. Außerdem schützen sie vor **Herz-Kreislauf-Erkrankungen**. Allen voran sind das Fette, die in ***Ölsamen*** und pflanzlichen Ölen enthalten sind, wie Olivenöl, Rapsöl, Leinöl, Walnussöl ...

Außerdem **stillen sie Zuckergelüste** zu Beginn des Entzugs und senken den GI eines Gerichts.

Greife **beim Kochen** lieber zu Oliven- oder Kokosöl. Die anderen Ölsorten sind weniger hitzebeständig und können bei großer Hitze gesundheitsschädliche Stoffe bilden.

Ein paar gesunde Fettquellen sind:

- ***Öle aus erster Kaltpressung (Olive, Raps, Lein ...)***
- ***Ölsamen*** oder ***Ölsamenmus*** (Mandel, Haselnuss, Walnuss ...)
- Oliven
- Avocado
- Samen (Lein, Chia, Hanf ...)
- Weizenkeime
- Eier
- Dorschleber
- fetthaltige Fische (Sardine, Makrele, Lachs, Hering ...)

Bevorzuge eher kleine Fische, die weniger mit Schwermetallen belastet sind als große Fische.

PROTEINE SIND WICHTIG

Wenn du mehr Proteine zu dir nimmst, werden Heißhungerattacken auf Süßes gestillt und du bist satter. Auch der GI des Gerichts wird dadurch kleiner.

Pflanzliche Proteinquellen:

- Hülsenfrüchte (Soja, Linsen, Kichererbsen, weiße Bohnen ...)
- Tofu
- Alfalfasprossen
- Algen (zum Beispiel: Spirulina)
- Samen und Kerne (Hanf, Kürbis, Chia ...)
- ***Ölsamen*** (Erdnuss, Mandel, Pistazie, Walnuss ...)
- Getreide (Dinkel, Quinoa, Buchweizen, Haferkleie ...)

Gute tierische Proteinquellen:

- fettarmes Fleisch (weißes Fleisch, Schinken, Bacon ...)
- rotes Fleisch mit 5 Prozent Fettgehalt
- Fisch und Krustentiere
- Eier (möglichst in Bioqualität)
- Käse, Joghurt

Fleisch wirkt sich in großen Mengen **entzündungsfördernd und säurebildend** auf den Organismus aus. Das gilt besonders für rotes Fleisch, also das nicht zu oft essen.

MILCHPRODUKTE

- Milch enthält eine begrenzte Menge an Zucker, nämlich Laktose, und hat daher einen niedrigen GI von 40. Man könnte also davon ausgehen, dass Milch keine Auswirkung auf den Blutzucker hat. In Wahrheit enthält Milch tierischen Ursprungs allerdings leider **Proteine und Hormone, die die Insulinausschüttung anregen**, ursprünglich um das Wachstum von Kälbern zu begünstigen. Dieser Effekt auf das Insulin ist bei Ziegen- und Schafmilch im Vergleich zu Kuhmilch geringer, da Zicklein und Lämmer weniger Gewicht erlangen als Kälber. Das Gewicht eines Zickleins oder Lamms reicht von 14 Kilogramm im Alter von zwei Monaten bis zu 50 Kilogramm im Erwachsenenalter, während ein Kalb 40 Kilogramm bei der Geburt hat und bis circa 800 Kilogramm im Erwachsenenalter erreicht!

  Pflanzliche Drinks erzeugen diesen Effekt nicht, weswegen man eher auf sie zurückgreifen sollte.

- Bei Joghurt, Quark und auch Milch gilt es, **Produkte auf der Basis von pflanzlichen Drinks oder Ziegen- beziehungsweise Schafmilch zu bevorzugen**.

Meine Favoriten unter den pflanzlichen Drinks: Kokos-, Mandel-, Cashew- und Haferdrink.

- **Und Käse?** Da sich die insulinfördernden Hormone und Proteine in der Molke befinden, sollte man das Molkenerzeugnis unten im Behälter meiden! Doch keine Sorge, bei ausgereiftem Käse aus Kuhmilch wurde die Molke abgetropft und entfällt damit. Sein Konsum ist also unbedenklich.

Gute Nachrichten für laktoseintolerante Personen: Ausgereifter Käse enthält so gut wie keine Laktose mehr. Ihr könnt also Parmesan, Comté, Beaufort, Emmentaler, Raclette-Käse, Schimmelkäse (Fourme d' Ambert, Roquefort ...), Rotschmierkäse (Reblochon) und sogar Mozzarella essen.

GEMÜSE

Die meisten Gemüsesorten haben einen niedrigen oder sogar sehr niedrigen GI, mit Ausnahme von Kürbis und einigen Sorten, deren GI im gekochten Zustand zunimmt: Karotten, dicke Bohnen, Sellerie, Rote Bete, Rüben. Allerdings haben fast alle eine niedrige glykämische Last (GL), sodass du sie in kleinen Mengen essen darfst.

Lediglich Kartoffeln solltest du in jeder Form **vermeiden**, da sie einen hohen GI und auch eine hohe GL haben. Das gilt ebenso für Maronen. Diese sollte es nur zu besonderen Anlässen geben!

OBST

Gute Nachrichten, denn **du darfst alle Obstsorten essen**, solange du bestimmte Regeln befolgst:

- Nicht mehr als zwei Portionen täglich, um einen zu hohen Fruktose-Glukose-Gehalt pro Tag zu vermeiden.
- Trockenfrüchte vermeiden, da sie eine sehr hohe Zuckerkonzentration aufweisen (Rosinen, Datteln ...).
- Obst in Sirup vermeiden oder abwaschen, um den Sirup mit hohem Zuckergehalt zu entfernen.

Bestimmtes frisches Obst sollte dennoch nur in kleinen Mengen verzehrt werden (siehe Tabelle auf Seite 33). Das gilt für Wassermelone, Melone, Schwarzkirschen und Guave. Auch wenn ihr GI hoch ist, weisen sie eine niedrige GL auf, sodass man viel davon essen müsste, bis der Blutzucker stark ansteigt. Möglichst nicht zwei aus dieser Kategorie an einem Tag essen.

Um den Konsum von Fruktose zu limitieren, **beschränke dich auf zwei Früchte pro Tag.**

Sonderfall Banane. Im sehr reifen Zustand weist sie einen GI von 63 und eine mittlere GL auf, also sollte man sie nur in kleinen Mengen konsumieren. Du kannst sie mit anderen Nahrungsmitteln mit niedrigem GI vermischen und somit den gesamten GI reduzieren (zum Beispiel in einem zuckerfreien Kuchen mit Haferkleie). Grüne oder reife Bananen sollten bevorzugt werden, da ihr GI niedriger ist (er liegt dann bei circa 50).

Und was ist mit Fruchtsäften?

Man geht oft davon aus, dass ein frisch gepresster Fruchtsaft gesund ist und den gleichen Effekt hat, wie wenn man die Frucht selbst isst. Leider ist die Auswirkung auf den Blutzucker jedoch alles andere als gleich. **Warum ist das so?**

- **Ein Glas Fruchtsaft entspricht drei Früchten**, also ist das dreimal die Fruktosemenge einer Frucht (man isst selten drei Äpfel, kann aber ohne Probleme ein Glas Apfelsaft trinken).
- **Der Saft enthält keine Ballaststoffe mehr** oder nur eine sehr geringe Menge im Vergleich zur Frucht, sodass der GI deutlich höher ist. Und wie bereits gesagt verhindern Ballaststoffe den starken Anstieg des Blutzuckerspiegels.

Fazit: Iss lieber die ganze Frucht, als ihren Saft zu trinken!

Tipps UND **Tricks** ZUM **GI**

Der GI von Nahrungsmitteln ist abhängig von unterschiedlichen Faktoren wie **Zubereitung, Kochart, Beilagen** ...

Nudeln *al dente* haben einen niedrigeren GI als Nudeln, die zu kurz (oder zu lang) gekocht wurden. Für einen noch niedrigeren GI solltest du auf Vollkornnudeln oder Nudeln aus Linsen, Buchweizen, Erbsen, Kichererbsen etc. zurückgreifen.

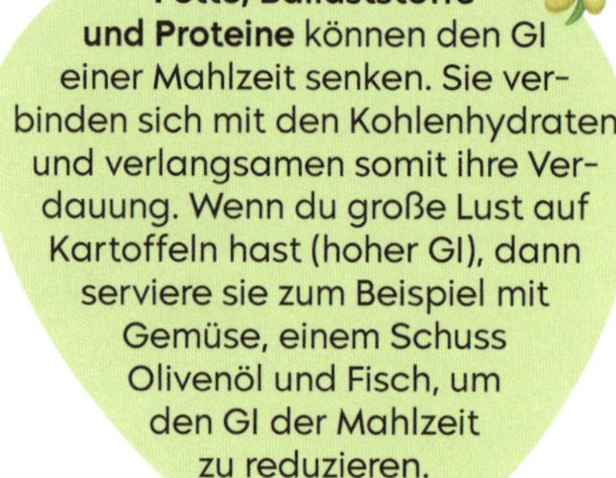

Fette, Ballaststoffe und Proteine können den GI einer Mahlzeit senken. Sie verbinden sich mit den Kohlenhydraten und verlangsamen somit ihre Verdauung. Wenn du große Lust auf Kartoffeln hast (hoher GI), dann serviere sie zum Beispiel mit Gemüse, einem Schuss Olivenöl und Fisch, um den GI der Mahlzeit zu reduzieren.

Wenn stärkehaltige Lebensmittel wie Kartoffeln, Reis oder Nudeln **im kalten Zustand gegessen** werden, haben sie einen niedrigeren GI (Phänomen der »Entgelierung« von Amylopektin; siehe Seite 13).

Wenn du einen **süßen Naschmoment** brauchst, wähle den Nachmittag, wenn der Körper ein Energietief hat. Welche Nahrungsmittel stehen zur Wahl? Zartbitterschokolade, ***Ölsamen***, Obst, Kompott ohne Zuckerzusatz oder ein hausgemachter Kuchen (mit Obst oder Zuckerersatz gesüßt).

Beim **Dampfgaren oder Dämpfen** steigt der GI **von Kohlenhydraten** weniger stark an als beim Kochen im Wasser (da der Verdickungsprozess der Stärke weniger umfangreich ist).

Im gekochten Zustand weisen bestimmte Lebensmittel einen **höheren GI** auf (Karotten, Rote Bete, Hafer ...).

Basmatireis hat einen niedrigeren GI als herkömmlicher weißer Reis, da er mehr Amylose enthält. **Vollkornreis** hat durch die Ballaststoffe auch einen niedrigen GI.

Gepuffte Zerealien haben einen höheren GI.

Sushireis hat einen hohen GI, der mit der Zugabe von Reisessig noch mehr ansteigt! Wähle im japanischen Restaurant daher lieber Sashimi.

Alkohol hat einen hohen GI, also sollte man ihn ganz vermeiden oder den Konsum deutlich reduzieren.

Zitrone, Essig, Sauerteig und **Zimt** senken den GI eines Gerichts.

Kokosnuss, Vanille und Zimt erwecken einen süßen Geschmack im Gehirn. Du kannst sie also wunderbar einsetzen, um Zucker zu ersetzen oder die Menge an Zucker zu reduzieren.

LOS GEHT'S!

Ich empfehle, den Zuckerentzug während einer stressfreien Phase zu durchzuführen, wenn du dir viel Zeit für dich nehmen kannst. Der Entzug wird in drei Phasen unterteilt. In der ersten geht es um den Zucker-Detox; es ist die schwierigste Phase, die jedoch nur einen Monat dauert. Die zweite ermöglicht den tatsächlichen Gewichtsverlust (falls das eines deiner Ziele ist) und die letzte dient dem Halten des Gewichts und der guten Gewohnheiten.

PHASE 1: VON ZUCKER BEFREIEN (1 MONAT)

Ich möchte noch mal betonen, dass das **Hauptziel dieser Phase die Reduzierung des Zuckerkonsums** und nicht des Gewichts ist, auch wenn du sicherlich ein bisschen abnehmen wirst. Da du kein Hungergefühl haben sollst, darfst du in dieser Phase genügend Fette zu dir nehmen, um den Heißhunger zu stillen.

Ich begann meine Recherchen zum Thema Zucker im April 2019 und startete meinen Zuckerentzug am 1. Juni 2019. Es war eine ruhigere Zeit auf der Arbeit, das Wetter war schön und das Obst und Gemüse besonders appetitlich. Die Sommerferien standen vor der Tür und ich hatte mehr Zeit.

WIR VERZICHTEN AUF:

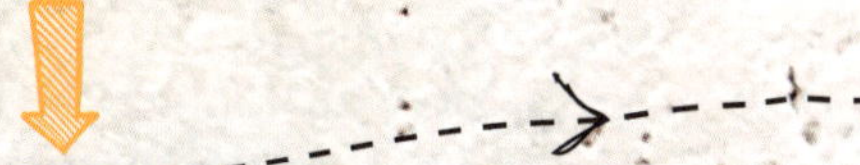

- **zuckerhaltige Getränke**

  Softdrinks, Fruchtsäfte, aber auch Alkohol.

- **weißen und braunen Zucker sowie Vollrohrzucker (Muscovado ...)**

  → In Kuchen und Joghurt den Zucker mit Zuckeralternativen in kleinen Mengen ersetzen (siehe die Seiten 34–37).

- **Desserts, zuckerhaltige Zerealien und Kekse, Vollmilchschokolade ...**

  → Ersetzen durch Ölsamen, Zartbitterschokolade mit einem Kakaogehalt von mehr als 70 Prozent, Kompott ohne Zuckerzusatz, Obst, Zerealien und Kekse mit einem niedrigen Zuckergehalt und GI.

- **Produkte auf der Basis von raffiniertem Mehl**

  ... wie etwa weißes Weizenmehl, das überall enthalten ist!

  Lies dir genau das Etikett auf der Verpackung durch, bevor du ein Produkt kaufst!

  → Ersetzen durch Produkte auf der Basis von Mehlsorten mit einem niedrigen GI oder Vollkornmehl.

- **Kartoffeln, weißen Reis (ausgenommen Basmatireis) und herkömmliche Nudeln**

Meine Erfahrung
... IN PHASE 1

Die schwierigste und wichtigste Phase!

ERSTER TAG: EINKAUFEN UND KÜCHE NEU ORGANISIEREN

1. Ich gehe einkaufen, um mich auszustatten. Meine Einkaufsliste habe ich am Vortag geschrieben, damit ich nichts vergesse (siehe meine Musterliste auf den Seiten 26 und 27).

- Ich starte mit **drei Mehlsorten**: Weizenmehl Type 1600, Buchweizen- und Gerstenmehl.
- Als **Süßungsmittel** nehme ich Agavendicksaft, Xylit und Kokosblütenzucker.
- Für die **Kekse und Zerealien** verbringe ich 20 Minuten vor den Produkten im Bioregal und nehme die Etiketten unter die Lupe, bis ich zwei Kekspackungen mit wenig Zucker sowie eine Packung Granola und Müslis mit niedrigem GI ausfindig gemacht habe.
- Ich statte mich mit mehreren **Tafeln Zartbitterschokolade** mit mehr als 70 Prozent Kakaogehalt von verschiedenen Marken aus, in der Hoffnung, eine zu finden, die mir schmeckt und meine tägliche Dosis Vollmilchschokolade ersetzen kann.
- Ich finde **Vorratsgläser** für Ölsamen, Samenkörner und Zerealien mit niedrigem GI. Ich decke mich für den Geschmack auch mit **mehreren Gewürzen** ein (Kreuzkümmel, Curry, Koriander, Kurkuma, Paprikapulver, Zimt, verschiedene Pfeffersorten ...).
- Abschließend nehme ich noch mehrere Dosen **Hülsenfrüchte** (Linsen, Kidneybohnen, weiße Bohnen, Flageolet-Bohnen, Kichererbsen ...) sowie **Sahne und pflanzliche Drinks** (Hafer- und Kokosnussdrink für den Anfang) mit.

2. Ich organisiere meine Küche neu

- **Ich entledige mich von weißem Weizenmehl sowie weißem und braunem Zucker**, um Platz zu schaffen, meine neuen Beschaffungen zu lagern.
- Für das Frühstück und Naschereien plane ich **eine Schublade für Kinder/Ehemann und eine für mich**, da ich ihre Gewohnheiten zu Beginn nicht zu sehr ändern möchte. Ich wollte zuerst die Challenge allein schaffen. Damit ich nicht in Versuchung gerate, mich an ihrer Schublade zu vergreifen, habe ich sie mit Keksen gefüllt, die ich weniger mag.

ERSTE WOCHE: ZUCKERHALTIGE GETRÄNKE UND ALKOHOL VERBANNEN

Da ich kein Fan von Alkohol bin, war es mir ein Leichtes, darauf zu verzichten. Ich trinke auch sonst selten zuckerhaltige Getränke. Es **fiel mir jedoch schwer, nur Wasser zu trinken**, also habe ich auf aromatisierte Tees zurückgegriffen und dem Wasser ab und an ein wenig Zitronensaft beigemischt.

Da ich dazu neige, zu wenig zu trinken, habe ich zudem mehrere »Trinkpausen« am Tag eingeplant. Ich wollte damit dafür sorgen, das Trinken nicht zu vergessen, und auch den Effekt der Ballaststoffe auf die Verdauung begünstigen:

- **Frühstück:** eine große Schale koffeinhaltiger Tee,
- **am Vormittag:** eine große Tasse Tee, wahlweise mit Koffein,
- **Mittag:** ein großes Glas Wasser,
- **Nachmittagssnack:** eine große Tasse Tee, wahlweise mit Koffein,
- **am Abend, nach dem Essen:** eine große Tasse koffeinfreier Tee.

SPEZIALTIPP ZUM DURCHHALTEN

Wenn du deinen Kaffee oder Tee süßen musst, ersetze den Zucker durch ein bisschen Stevia oder Akazienhonig und reduziere die Menge von Mal zu Mal, bis du gar kein Süßungsmittel mehr nimmst. Ich habe diese Methode mit meinem Sohn getestet (Pfirsichtee mit ein wenig Honig) und nach zwei Wochen hat er schon kein Süßungsmittel mehr gebraucht! Gib ruhig auch Zitronensaft und/oder Minzblätter für mehr Geschmack in dein Wasser.

In Sachen Alkohol solltest du dich auf ein Glas zu besonderen Anlässen beschränken und die Wahl vom GI abhängig machen. Bevorzuge etwa Rotwein statt Bier.

ZWEITE WOCHE: WEISSEN UND VOLLROHRZUCKER SOWIE DESSERTS MIT VIEL ZUCKER VERBANNEN

1. Ich verzichtete zuerst auf Zucker im Joghurt.

Es war mir vorher unmöglich, einen Joghurt ohne Zucker zu essen. Um es langsam anzugehen, bin ich zunächst auf Stevia oder Kompott ohne Zuckerzusatz umgestiegen, dann auf Obst. Mittlerweile kann ich Naturjoghurt sogar pur essen!

2. Dann habe ich mit den »süßen Schweinereien« am Ende einer Mahlzeit aufgehört (der schwierigste Schritt für mich).

Ja, es war meine Schwäche, unter der Woche die Mahlzeit am Abend immer mit Vollmilchschokolade oder Keksen enden zu lassen. **Um es ohne Frust durchzustehen, habe ich zunächst entschieden weiterzuessen, aber dafür mit niedrigem GI:** zwei Stückchen Zartbitterschokolade mit einem Kakaogehalt von 70 Prozent **ODER** ein bis zwei Kekse mit niedrigem GI **ODER** eine Kaffeetasse mit Granola mit niedrigem GI.

Das hat es mir erlaubt, nicht die Nerven zu verlieren, auch wenn ich zugeben muss, dass es mir am Anfang nicht so gut geschmeckt hat wie meine alten Kekse. Es war aber besser als nichts und mit der Zeit gewöhnt man sich auch daran und nach knapp einem Monat ging es mir schon viel besser damit. Und weißt du was? Heute finde ich es sogar leckerer!

SPEZIALTIPP ZUM DURCHHALTEN

Zu viel Frust führt zum Aufgeben, also am besten suchst du Lösungen, damit das nicht passiert. Mache es mir nach und finde Lebensmittel zum Durchhalten: Zartbitterschokolade mit einem Kakaogehalt von mehr als 70 Prozent, Granola aus Vollkorngetreide, Kekse mit einem Zuckergehalt von weniger als 10 Prozent oder Ölsamen (trotzdem auf die Mengen achten).

Tipp: Nach einer herzhaften Mahlzeit warte ich einen Moment, bevor ich zum Dessert übergehe, und räume etwa den Tisch ab und die Küche auf. Damit wird mein Heißhunger auf Süßes gezügelt (da das Gehirn genug Zeit hatte, um die Information zu erhalten, dass der Bauch voll ist!).

3. Als Letztes habe ich mit weißem und Vollrohrzucker in selbst gemachten Desserts aufgehört.

Ich persönlich backe am Wochenende sehr gerne Kuchen, Crêpes oder Waffeln. Ohne Zucker war mir da schon etwas bange, diese Herausforderung anzunehmen. Ich war aber motiviert und habe diesen kleinen Genuss am Wochenende ohne schlechtes Gewissen wirklich gebraucht. Da habe ich einfach viele Mehlsorten und Süßungsmittel ausprobiert. Gute Nachricht: Kuchen mit niedrigem GI sind immer noch genauso lecker!

Mir sind zwei Sachen bewusst geworden:

- Die Zuckermenge in klassischen Rezepten ist sehr groß. Es macht keinen großen Unterschied, wenn man die Menge um ein Drittel reduziert.
- Mit Schokolade und Obst, das schon süß ist, kann die Zuckermenge reduziert oder der Zucker sogar komplett aus einem Rezept gestrichen werden.

Für meine selbst gebackenen Kuchen habe ich mich also für Zuckeralternativen in kleinen Mengen und Mehlsorten mit niedrigem GI entschieden. Ich habe zunächst meine alten Lieblingsrezepte angepasst: Es ist zwar ein paarmal schiefgegangen, aber nach mehreren Anläufen hatte ich die richtigen Mengenverhältnisse dann raus. Mittlerweile fällt es mir leicht, mir Rezepte auszudenken. Ich liebe diese Kreativität!

SPEZIALTIPP ZUM DURCHHALTEN

Man kann unmöglich von sich verlangen, komplett auf Gebäck zu verzichten. Damit du auch ohne schlechtes Gewissen und Frust in den Genuss kommst, kannst du pro Woche zwei Stücke selbst gebackenen Kuchen mit niedrigem GI essen.

DRITTE WOCHE: UMSTELLUNG AUF HERZHAFTES MIT NIEDRIGEM GI

1. Ich habe den Konsum von Gemüse und Rohkost erhöht.

Ich esse gerne Gemüse, habe aber nicht immer die Zeit, es zu schälen, zu schneiden und dann noch zu kochen. Eigentlich ist das aber nur eine faule Ausrede, denn Nudeln oder Pizza zuzubereiten, kann genauso lang dauern! Um es also zu schaffen, habe ich **wochentags auf Tiefkühlkost und/oder vorgekochtes Gemüse zurückgegriffen**. Und damit auch meine Kinder und mein Mann auf den Geschmack kommen, habe ich noch eine Tomatensauce, Gewürze, ein wenig pflanzliche Sahne und/oder Käse verwendet. Das fördert den Appetit (siehe meine Tipps auf Seite 54).

2. Ich habe die richtigen stärkehaltigen Lebensmittel gewählt, doch die Menge begrenzt.

Hülsenfrüchte, die ich nur selten aß, habe ich für mich wiederentdeckt. Es sind super Nahrungsmittel, auf die ich nicht mehr verzichten mag. Sie sättigen, ohne das Gewicht zu erhöhen.

Ab und an hatte ich dann doch das Verlangen nach Nudeln oder Pizza, also habe ich sie weiterhin zubereitet, nur mit niedrigem GI und in kleineren Mengen. Ich habe für herzhafte Kuchen sowie Tarte- und Pizzateig einfach raffiniertes Mehl durch Mehlsorten mit niedrigem GI ersetzt. Auch hier musste ich wieder ein bisschen probieren, bis ich gute Alternativen gefunden habe. Ich habe auch herkömmliche Nudeln gegen Nudeln auf Basis von Hülsenfrüchten oder Buchweizen eingetauscht. Buchweizennudeln sind ganz besonders lecker und haben sogar meine Kinder und meinen Mann überzeugt. Zum Schluss noch Reis: Hier bin ich auf Vollkorn- oder Basmatireis umgestiegen.

SPEZIALTIPP ZUM DURCHHALTEN

Damit du größeren Desserts widerstehen kannst, sollte das Hauptgericht satt machen. Greife dafür auf Hülsenfrüchte oder ballaststoffreiches Getreide mit niedrigen GI zurück (Quinoa, Buchweizen, Gerste und so weiter). Und trau dich auch, Nahrungsmittel mit guten Fetten (Avocado, Sardine, Oliven, Ölsamen, Öl etc.) oder sogar mit schlechten Fetten (Wurstwaren, Käse) einzusetzen, wenn auch in begrenzten Mengen.

BILANZ NACH EINEM MONAT

Der erste Monat war am schwierigsten, doch das Durchhalten hat sich gelohnt! **Ich empfehle dir wärmstens, nicht gegen deine Vorsätze zu verstoßen**, da diese Phase des Zuckerentzugs entscheidend ist.

Damit du durchhältst: Wähle sättigende Nahrungsmittel und gute Fette. Zumindest hat mir das persönlich geholfen. Denke daran: Es ist nicht das Ziel von Phase 1, Gewicht zu verlieren, sondern den Konsum von Zucker und weißem Mehl deutlich zu reduzieren.

Auf der Waage minus ein Kilogramm in einem Monat. Das hört sich zwar nach wenig an, doch ich war zu Beginn nicht übergewichtig und habe viel mit dunkler Schokolade, Haselnusskernen, Mandelkernen und Walnusskernen kompensiert, um meine Zuckergelüste zu lindern. Freunde von mir haben deutlich mehr Gewicht verloren, um die zwei bis drei Kilogramm.

Das Wichtigste ist, dass der Zuckerentzug erfolgreich war. Das war ein echter Sieg für mich, da meine Zuckergelüste am Ende der Mahlzeit deutlich nachgelassen haben.

Gut zu wissen

Wenn du daran gewöhnt bist, sehr viel Zucker oder Produkte auf der Basis von weißem Mehl zu essen, kannst du den Zeitrahmen dieser Phase verlängern, um es langsamer anzugehen. In diesem Fall darfst du 45 Tage für Phase 1 einplanen.

PHASE 2: ABNEHMEN BIS ZUM WUNSCHGEWICHT

Da du den Zuckerentzug überstanden hast, kannst du nun den Gewichtsverlust in Angriff nehmen, falls dies dein Ziel ist.

- **Ziehe die Einschränkungen von Phase 1 weiterhin durch.**
- **Reduziere ein wenig die Fette, insbesondere diejenigen tierischen Ursprungs** (Käse, Fleisch, Milch, Butter, Crème fraîche, Wurstwaren).

Vorsicht, im Gegensatz zu einigen Diäten ist es **nicht das Ziel, den Konsum von Fetten drastisch zu reduzieren**, da gute Fette unentbehrlich sind und zum Sättigungsgefühl beitragen (ein Hoch auf ***Ölsamen***, Avocado und pflanzliche Sahne!).

- **Reduziere die Kohlenhydrate und wähle Nahrungsmittel mit einem sehr niedrigen GI, der unter 40 liegt.**

Du kannst weiterhin stärkehaltige Nahrungsmittel essen, doch achte auf einen sehr niedrigen GI und kleine Mengen. Beschränke Desserts auf ein Minimum und nimm nicht mehr als zwei Früchte täglich zu dir.

Ziehe Hülsenfrüchte vor, da ihr GI noch niedriger als der von Getreide ist.

Achtung, du wirst nicht wie bei einer strikten Abnehmdiät drei Kilogramm pro Woche verlieren! Du wirst langsam, aber langfristig abnehmen und vermeidest somit den Jo-Jo-Effekt.

Die Dauer dieser Phase hängt von deinem Abnehmziel ab. Einige Personen werden schneller abnehmen als andere. Je nachdem, wie strikt du bist, kann es auch zu Stagnationen kommen. Das Wichtigste ist es, ohne Frust abzunehmen, damit du es auf Dauer durchstehst.

Wiege dich nicht täglich, ein- bis zweimal in der Woche zu wiegen reicht, um den Stand des Gewichtsverlusts zu erfahren. Falls sich dein Gewicht nach zwei Wochen nicht verändert hat, solltest du die Mengen, die du verzehrst, noch mal überdenken.

Wenn es dir zu schwerfällt, kannst du für eine bestimmte Zeit wieder zu Phase 1 zurückkehren und nach einer Weile erneut Phase 2 angehen.

Am Anfang habe ich mich nicht mehr getraut, fertige Saucen zu kaufen, da sie viel Zucker enthalten. Nach einer Weile habe ich aber gemerkt, dass es zu kompliziert wurde. Ich hatte einfach nicht die Zeit, alles immer selbst zu machen. Also habe ich im Geschäft unterschiedliche Saucen verglichen und die gewählt, die am wenigsten Zucker enthalten.

Meine Erfahrung …
IN PHASE 2

Für mich hat diese Phase drei Monate gedauert.

1. Ich habe Phase 1 fortgesetzt und dabei Kohlenhydrate weiter reduziert.

Bei den süßen Nahrungsmitteln habe ich komplett aufgehört, Kekse und Granola zu essen, auch solche mit niedrigem GI. Beibehalten habe ich Zartbitterschokolade mit einem Kakaogehalt von 85 Prozent sowie das Essen von ein paar Haselnusskernen am Abend.

Bei den stärkehaltigen Nahrungsmitteln habe ich Hülsenfrüchte bevorzugt. Diese bremsen den Hunger und, entgegen der verbreiteten Ansicht, führen nicht wirklich zu einer Gewichtszunahme (zur Erinnerung: das ist auf ihre Stärke, nämlich Amylose, und Ballaststoffe zurückzuführen).

2. Ich habe Kuhmilch und Joghurt aus Kuhmilch vom Speiseplan gestrichen.

Wie bereits erklärt, stimuliert Kuhmilch den Insulinausschuss. Ich habe daher pflanzliche Drinks und Joghurts ausprobiert.

Ich habe Milch ursprünglich nur in Rezepten (Kuchen, Crêpes, Pancakes und so weiter) und nie als Getränk zu mir genommen. Ich musste sie also nur durch einen neutralen pflanzlichen Drink ersetzen (Dinkel, Hafer, Cashew). Ganz ehrlich: Es ist niemandem aufgefallen!

Sojajoghurt hat mir nicht geschmeckt, dafür habe ich mich in Joghurt mit Kokosmilch verliebt: Jeden Tag esse ich einen davon! Ich habe auch Milchprodukte mit Ziegen- und Schafmilch probiert, sehr lecker!

3. Ich habe schlechte Fette reduziert, ohne sie komplett zu verbannen.

Ich liebe Käse, also konnte ich ihn nicht einfach komplett streichen, ich esse nun aber weniger davon. Schluss mit Käsebroten, ich nehme ihn nur noch für mehr Genuss in bestimmten Rezepten. Ein bisschen Feta, Mozzarella, Parmesan, Blauschimmelkäse, Reblochon … das macht in einem Salat oder Gratin viel aus!

4. Ich verwende weiterhin gute Fette in angemessenen Portionen (Avocado, Hummus, fetthaltiger Fisch, Ölsamen …).

Es war insgesamt alles viel einfacher, weil ich mich langsam daran gewöhnte. Außerdem hatten die Ferien gerade erst begonnen und ich konnte mich organisieren und Rezeptideen festhalten. Dabei habe ich auch vom saisonalen Obst und Gemüse profitiert. Ich habe mir schöne und appetitanregende Gerichte, farbenfrohe gemischte Salate und ganz tolle Saucen (siehe Seite 120–123) für eine geschmacksintensive Küche zubereitet (Hummus, Guacamole und andere) und habe Gewürze für den Geschmack hinzugefügt. Kurz gesagt, ich hatte meinen Spaß!

BILANZ NACH VIER MONATEN

Die Ergebnisse haben gestimmt, die Vorteile waren sichtbar (bessere Verdauung, kein Heißhunger mehr auf Süßes, strahlende Haut, weniger Müdigkeit). Das hat mich motiviert und angespornt weiterzumachen.

Am Ende des zweiten Monats hatte ich frustfrei zusätzlich zwei Kilogramm abgenommen.

Am Ende des vierten Monats hatte ich weitere zwei Kilogramm abgenommen, habe dann aber beschlossen, an dieser Stelle aufzuhören, da ich nicht übergewichtig war.

Freunde von mir haben in vier Monaten bis zu zehn Kilogramm abgenommen – ganz ohne Frustration!

PHASE 3: STABILISIERUNG

Du kannst wieder ein bisschen mehr Fette und Kohlenhydrate als in Phase 2 einführen, aber immer mit niedrigem GI. Da du den Zucker-Detox hinter dir hast, darfst du dir einmal pro Woche kleinere Ausreißer mit Nahrungsmitteln mit höherem GI erlauben. Wenn du zum Beispiel eingeladen bist, darfst du ein Glas Wein, ein paar Kartoffeln oder ein Dessert zu dir nehmen.

Du wirst sehen, dass du insgesamt bei Kuchen sehr viel seltener schwach wirst! Ich kann es selbst kaum glauben: Ich war eine echte Naschkatze und jetzt finde ich Kuchen und Kekse meistens zu süß, fast schon abstoßend.

Wenn du große Lust auf ein salziges Nahrungsmittel mit hohem GI hast, wie etwa Kartoffeln, dann esse es mit ballaststoffreichen Nahrungsmitteln wie Gemüse. Das gleicht es aus und der GI des Gerichts sinkt auch ein wenig.

Du wirst merken, wie sich dein Geschmacksempfinden ändert. Du wirst weniger süße Nahrungsmittel mit weniger Zucker essen und dafür Körner, Ballaststoffe oder Gewürze vorziehen! Nach dem Zucker-Detox wirst du den wahren Geschmack von Nahrungsmitteln wiederfinden, der vom Zucker verschleiert wurde und sich nun entfalten kann.

Du kannst dir mindestens **zweimal pro Woche ein »genüssliches« Dessert** ***gönnen. Dann aber mit Zuckeralternativen und Mehlsorten mit niedrigem GI, damit du kein schlechtes Gewissen haben musst.***

Und wenn du wieder zunimmst? Kehre für eine Woche wieder zu Phase 2 zurück. Dadurch sollte sich dein Gewicht wieder regulieren.

Hinweis: Wenn du viel Gewicht verlieren möchtest, kannst du für einen entspannten Ablauf zwischen den Phasen 2 und 3 wechseln.

Meine Erfahrung ... IN PHASE 3

Ich komme auf meinen Ernährungsstil zum Ende von Phase 1 zurück, das heißt also mehr stärkehaltige Nahrungsmittel mit niedrigem GI (Basmatireis, Buchweizennudeln ...) und mehr gute Fette (Ölsamen, fetthaltiger Fisch, Öl). Ich gönne mir von Zeit zu Zeit sogar einen kleinen Snack mit niedrigem GI: selbst gebackener Kuchen, Zartbitterschokolade und Haselnusskerne, Granola ...

Überraschenderweise habe ich tatsächlich das Gefühl, mehr zu essen als vorher! Die ganzen **»**leeren**«** Kalorien, also ohne Nährstoffe, auf der Basis von Zucker habe ich durch gute Kalorien ersetzt. Ich musste feststellen, dass mein Geschmack sich deutlich verändert hat. Die Kekse, die ich früher so gern gegessen habe, schmecken mir nicht mehr und ich esse lieber Herzhaftes. Außerdem nehme ich die Geschmäcker deutlich intensiver wahr, da der Zucker vorher oftmals überhandgenommen und mein Geschmacksempfinden beeinflusst beziehungsweise beeinträchtigt hatte.

Ich leiste mir ein paar Ausreißer, wenn ich eingeladen bin oder wirklich große Lust auf etwas habe, was ich normalerweise aus meiner Ernährung gestrichen habe. Aber nur in kleinen Mengen und nicht zu oft (einmal pro Woche). Es ist schon vorgekommen, dass ich an einem Wochenende, an dem ich mehrmals eingeladen war, ein Kilogramm zugenommen habe. Als ich mich in der darauffolgenden Woche jedoch wieder an Phase 2 gehalten habe, war das Kilo direkt wieder weg!

BILANZ NACH FÜNF MONATEN UND SPÄTER

Mein Gewicht hatte sich auf Dauer eingependelt und ich fühlte mich besser! Alle bereits genannten Vorteile sind bestehen geblieben und haben mich darin bestärkt, dass ich mit über 40 die richtige Entscheidung getroffen habe.

SO SIEHT MEIN TELLER AN EINEM **typischen Tag** AUS

Damit du dich besser zurechtfindest, stelle ich dir meinen Speiseplan an einem typischen Tag vor, inklusive einiger Grundsätze, die ich befolge.

Morgens

Ein sättigendes Frühstück mit vielen Ballaststoffen:

- ein selbst gemachtes Müsli mit rohen Getreideflocken (Hafer, Gerste, Buchweizen ...), Haselnusskernen, Mandelkernen, Kokosnuss, Zartbitterschokotropfen, Buchweizenflakes (100 Prozent Buchweizen), geschrotete beziehungsweise geschälte Lein- und Hanfsamen,
- koffeinhaltiger Tee ohne Zucker.

> Weitere Ideen für das Frühstück gibt es auf Seite 58.

Ich habe morgens Hunger! Und da ich früh aufstehe und bis zum Mittag durchhalten muss, muss mein Frühstück auf der Basis von Getreide mit niedrigem GI auch satt machen.

Mittags und abends

Herzhafter Teil

1 Proteinquelle mindestens jeden Tag
Ei, Schinken, pflanzliche Proteine durch Hülsenfrüchte, ein wenig Käse
Ab und an: Fisch oder Fleisch (geringer Fettgehalt)

1 stärkehaltiges Lebensmittel am Mittag oder am Abend
Hülsenfrüchte oder Getreide mit niedrigem GI

Gemüse am Mittag und/oder am Abend

mindestens 1,5 Liter trinken
Wasser, Tee, ab und zu Kaffee, aber ohne Zucker

Für den Geschmack:
- **Gewürze, Samen, aromatische Kräuter, Ölsamen**
- **Gesunde Dips als Beilagen:**
Hummus, Ktipiti, Auberginenkaviar, Guacamole, Pesto, Tapenade ...
Siehe die Rezepte auf den Seiten 120–123.

Rohkost am Mittag und/oder am Abend

Als Flexitarierin setze ich bei Fleisch oder Fisch auf Qualität statt Quantität. Zwei- bis dreimal in der Woche reichen mir, aber man kann auch etwas mehr essen. Zudem liebe ich Eier und bereite mir regelmäßig welche zu.

Sehr wichtig: Nur eine Mahlzeit (mittags ODER abends) **mit stärkehaltigen Nahrungsmitteln** (Getreide mit niedrigem GI oder Hülsenfrüchte) einnehmen, da an einem Tag nicht zu viele Kohlenhydrate gegessen werden sollten, selbst mit niedrigem GI.

Wenn ich es am Vortag übertrieben habe, plane ich für den gesamten Folgetag-Mahlzeiten mit wenig Kohlenhydraten ein.

BEISPIELE FÜR EINE KOHLENHYDRATARME MAHLZEIT:

- Gemüse + Fleisch oder Fisch
- Gemüseomelett
- Gemüsesuppe + Käse
- Gemüsegratin + Käse + Schinken
- Rohkostsalat mit Dip

BEISPIELE FÜR EINE KOHLENHYDRATREICHE MAHLZEIT:

- Rohkost + Hülsenfrüchte
- Gemüse + Hülsenfrüchte (zum Beispiel Dal)
- Nudeln aus Hülsenfrüchten
- Buchweizencrêpes
- Quiche oder Pizza mit niedrigem GI
- Quinoa oder Basmatireis oder Dinkel + Gemüse

Dessert

Unter der Woche plane ich **einfache Desserts mit wenig Zucker, die mir schmecken und keine Vorbereitung benötigen**.

Drei Beispiele für Desserts im Alltag:

- 1 Becher pflanzlicher Joghurt mit Kokosmilch oder 1 Becher Schafjoghurt ohne Zucker + 3 EL Granola mit niedrigem GI (weniger als 5 Prozent Zucker) ODER ½ Becher Kompott (circa 50 Gramm) ohne Zuckerzusatz
- 1 Frucht
- 1 oder 2 Stückchen Zartbitterschokolade mit einem Kakaogehalt von mehr als 70 Prozent + 5 Ölsamen nach Wahl

Ich mache mein Dessert vom Hauptgang abhängig. Wenn er sehr sättigend war, verzichte ich auf das Dessert!

Backe **am Wochenende** einen Kuchen, Waffeln oder Crêpes mit einem niedrigen GI für die Kaffee-und-Kuchen-Zeit oder als Dessert. **Um auf Dauer durchzuhalten, ist es wichtig, dass du dir auch etwas gönnst.**

6

HÄUFIG GESTELLTE FRAGEN

Mich erreichen viele Fragen auf Instagram. In einem kleinen FAQ will ich hier die wichtigsten beantworten.

WIE SCHAFFE ICH ES, MEINEN GELÜSTEN NICHT NACHZUGEBEN?

1. Sättigung ist das A und O, um Heißhungerattacken zu unterbinden.

- Am Anfang des Zuckerentzugs darfst du **ruhig zu fetthaltigen Nahrungsmitteln greifen**, um die Zuckergelüste zu lindern und den Körper zu beruhigen. Halte dich an Ölsamen: Eine kleine Handvoll stillt schon das Verlangen. Sobald du den Zuckerentzug überstanden hast, kannst du den Fettanteil reduzieren.

Ich habe sicherheitshalber immer Ölsamen dabei. Dabei habe ich mich vorher nie getraut, welche zu essen, aus Angst zuzunehmen.

- Achte darauf, ausreichend salzige Nahrungsmittel zu dir zu nehmen, gerade zu Beginn des Zuckerentzugs: Kombiniere **Proteine und Gemüse nach Belieben und eine kleine Portion Hülsenfrüchte oder Vollkorngetreide sowie gute Fette *(Öl, Avocado, Hummus*** ...). Du wirst sehen, dass du keinen Platz mehr für ein Dessert haben wirst!

Ich hatte mir ursprünglich angewöhnt, eine leichte Mahlzeit einzunehmen, um dann von einem schönen Kuchen profitieren zu können. Diese Gewohnheit musste ich dann überdenken.

2. Verleihe deinen Gerichten mehr Würze.

- **Kräuter** (Koriander, Basilikum, Minze, Schnittlauch ...), bei Bedarf auch tiefgefroren
- **Gewürze** (Kreuzkümmel, Curry, Zimt, Ingwer ...)
- **Samen und Kerne** (Sesam, Kürbis, Sonnenblume ...)
- **Käse**, in kleinen Mengen

3. Gönne dir bei Bedarf einen *gesunden* Snack.

Idealerweise: eine Frucht und ein paar Ölsamen oder ein Stückchen Zartbitterschokolade mit einem Kakaogehalt von mehr als 70 Prozent.

WIE VERMEIDE ICH ES, TAGELANGE MÜHEN NICHT DURCH EINEN RESTAURANTBESUCH ODER EINLADUNGEN ZUNICHTEZUMACHEN?

Im Restaurant

Ich finde in Restaurants immer Gerichte mit niedrigem GI:

- **Crêperie** → Buchweizenpfannkuchen (aber keine süßen Crêpes als Dessert)
- **Japanisch** → ohne Reis, also Sashimi und gebratenes Gemüse
- **Italienisch** → zum Beispiel Auberginenauflauf (Parmigiana di Melanzane) oder ein italienischer Salat
- **Kneipe** → ein Tagesgericht mit Gemüse oder ein großer Salat als Beilage

Wenn du ein Dessert möchtest, wähle Obst!

Bei Freunden

Hier wird es komplizierter ...

Mache deinen Freundeskreis auf deinen neuen Ernährungsstil aufmerksam, aber betone auch, dass du nicht auf eine Menüanpassung zu deinen Gunsten bestehst. Du wirst sehen, dass sie dennoch ein Minimum darauf eingehen werden.

- **Beim Aperitif** kannst du dich auf **Oliven, Ölsamen** (Erdnüsse, Mandelkerne, Haselnusskerne, Pistazien) und **Rohkost mit Dips** stürzen. Als Getränk kannst du Sprudelwasser mit Zitrone nehmen! Wenn du Alkohol trinken möchtest, bedenke, dass ein kleines Glas Rot- oder Weißwein besser ist als Bier! **Versuche, dich für den Abend auf ein ein einziges Glas Alkohol zu beschränken.**

- **Beim herzhaften Hauptgang** solltest du versuchen, Lebensmittel mit einem hohen GI auf ein Minimum zu beschränken. Und wenn es Raclette ist? Bitte um eine Tomate oder Pilze, um die Kartoffeln zu ersetzen.

Eines Tages wurde bei Freunden von mir Pizza als Abendessen bestellt. Ich konnte unmöglich nichts essen ... Also habe ich beim Aperitif auf die Nahrungsmittel mit niedrigem GI beherzt zugegriffen (Hummus, Rohkost, Guacamole, Ölsamen) und dann zwei kleine Stücke Pizza gegessen. Den Rand habe ich aber liegen gelassen, um nicht zu viel Teig mit hohem GI zu essen.

- **Beim Dessert** kannst du eine kleine Portion nehmen, um den Koch nicht zu verletzen, und anschließend von der Zartbitterschokolade mit Tee profitieren.

Am Anfang ist eine strikte Einhaltung besonders wichtig, um den Zuckerentzug zu schaffen. Wenn du die gewünschten Pfunde erst losgeworden bist, kannst du dir auch ein paar Ausreißer bei deinen Freunden erlauben. Nach dem Entzug wird es dir dann auch leichter fallen, nicht nachzugeben! Versprochen!

Wenn du eingeladen bist, melde dich freiwillig, um das Dessert mitzubringen! So kannst du es auch genießen und lässt deinen Freundeskreis einen Kuchen mit niedrigem GI probieren. So konnte ich schon mehrere Personen davon überzeugen!

WAS KANN ICH AUF DER ARBEIT IN DER MITTAGSPAUSE ESSEN?

Du hast drei Möglichkeiten:

- **Mahlzeit selbst mitbringen, um Versuchungen zu widerstehen**

Wenn du für das Abendessen am Vortag eine größere Menge einplanst, kannst du am nächsten Tag einfach die Reste mitnehmen.

Du kannst deine Reste wunderbar kombinieren, ich bin darin ein echter Profi geworden! Ich bewahre alles auf, auch kleine Reste, und mische dann alles und füge noch ein bisschen Käse, ein hart gekochtes Ei oder eine Scheibe Schinken hinzu – und schon habe ich eine gemischte Bowl gezaubert.

- **Auswärts essen**

Du musst die richtigen Orte finden, wie etwa eine Salatbar, wo du dir die Zutaten selbst aussuchen kannst. Du kannst auch ein Fertiggericht mit Fisch oder Fleisch und Gemüse oder mit Hülsenfrüchten kaufen. Unbedingt die Gefahrenzone Bäckerei vermeiden!

- **In der Kantine essen**

Hier musst du die richtige Entscheidung treffen. Nimm lieber Vorspeise und Hauptgang statt Hauptgang und Dessert. Halte dich für die Hauptspeise von stärkehaltigen Nahrungsmitteln fern (außer sie haben einen niedrigen GI) und nimm besser Gemüse. Wenn du ein Dessert möchtest, wähle eine Frucht oder einen Becher Joghurt ohne Zucker.

Ich habe im Büro immer eine Tafel Zartbitterschokolade mit einem Kakaogehalt von mehr als 70 Prozent sowie eine Tüte mit Ölsamen in meiner Schublade. Ich greife darauf zurück, wenn das Mittagessen zu leicht war, oder auch mal als Nachmittagssnack.

WIE KANN ICH MEINE FAMILIE ÜBERZEUGEN?

Meine Familie besteht aus:

- meinem Ehemann, der Fleisch liebt und sich gegen Veränderungen sträubt,
- zwei Kindern, 10 und 14 Jahre alt, die unterschiedliche Vorlieben haben und Süßes lieben.

Mit ihnen gehe ich es langsam an, da ich mit ihnen nicht so strikt sein möchte wie mit mir selbst. Ich habe sowieso keine Kontrolle darüber, was sie in der Kantine essen! Mit der Zeit stelle ich dennoch eine Veränderung fest. Sie eignen sich die guten Gewohnheiten langsam, aber sicher an. Selbst wenn es noch nicht perfekt ist, ernähren sie sich schon gesünder als vor der Zeit, als ich mit meiner Ernährungsumstellung noch nicht begonnen hatte.

Meine Tipps für herzhafte Gerichte

1. **Stärkeres Sättigungsgefühl durch stärkehaltige Lebensmittel mit niedrigem GI** (ich selbst esse davon nichts oder nur sehr wenig, je nach Hunger und/oder Wunsch abzunehmen):

- **Hülsenfrüchte** mit Gewürzen und einfachen Saucen (auf der Basis von Tomaten und pflanzlicher Sahne),
- **Basmati- oder Vollkornreis**,
- **Nudeln** auf der Basis von Vollkornmehl, Buchweizen oder Hülsenfrüchten mit Tomatensauce und Reibekäse – und alle sind glücklich!

Das Einzige, was sie wirklich missen, sind Kartoffeln. Also bereite ich ab und zu welche für sie zu, da ich ihnen nicht alles aufzwingen möchte. Süßkartoffeln sind hierfür übrigens ein guter Ersatz.

2. **Käse als kleiner Akzent**

Das Kleinste macht hier den größten Unterschied und bringt mehr Genuss in ein Gericht. Die ganze Familie liebt Käse!

3. **Dips als Beilage**

Ein Gericht wird umso herzhafter mit Dips wie Hummus, Guacamole, Joghurtsauce, Gemüsepesto, Tapenade ... Sie runden Salate und warme Gerichte wunderbar ab. Passende Rezepte gibt es auf den Seiten 120–123.

4. **Gemüse verstecken**

- Kinder lieben **Quiche, Crêpes und andere Pfannkuchen**. Auch mit niedrigem GI sind sie lecker, wenn nicht sogar besser. Wenn ich sie zubereite, verstecke ich darin also ganz gerne Gemüse.
- Du kannst auch **Gemüsesorten schälen**, die man an ihrer Schale daran erkennt, wie Auberginen oder Zucchini, und sie dann **in ganz kleine Stücke schneiden, damit sie weniger sichtbar sind.**
- Wie du sicher weißt, ist Gemüse **in Form von Püree oder in (pürierten) Suppen »unsichtbar« und fällt nicht auf**. Mit ein bisschen Sahne und/oder Käse sind sie bei Kindern noch beliebter.
- **Gewürze können auch den Geschmack von Gemüse verdecken**: Curry, Kreuzkümmel und Zimt kommen bei meinen Kindern in der Regel gut an.

5. **Brot**

Wenn ich Lust auf Salat habe, reicht dieser meiner Familie meistens nicht, also hole ich Brot raus und sie belegen sich **ein Sandwich mit Schinken und Käse** (ich habe immer Brot in der Tiefkühltruhe).

Ich habe entweder hausgemachtes Brot zu Hause oder kaufe Brot oder Baguette mit einem möglichst hohen Vollkornanteil. Ich muss aber zugeben, dass mein Mann als großer Weißbrotfan besonders schwer davon zu überzeugen ist.

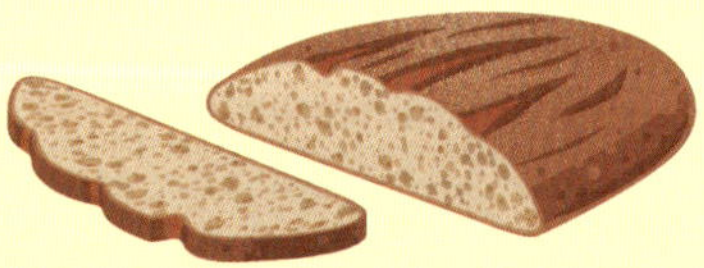

6. Ein bisschen mehr Fleisch

Fleisch hat zwar einen niedrigen GI, zählt aber nicht gerade zu den guten Fetten. Ich esse daher nur ein- oder zweimal in der Woche Fleisch. Mein Mann hat hingegen große Schwierigkeiten damit, weil er davon nicht genug kriegt. Also gibt es ab und zu auch nicht allzu fettige Wurstwaren oder Fleisch in kleinen Mengen.

Meine Tipps für süße Gerichte

Meine Kinder waren an Fertigkekse und hausgemachte Kuchen mit Zucker gewöhnt. Dementsprechend schwer war es auch, sie von einer gesünderen Variante zu überzeugen - eine richtige Herausforderung. Und doch fällt es beim Backen letztendlich gar nicht so schwer.

1. Lieblingsrezepte an die Glyx-Ernährung anpassen

In selbst gebackenen Kuchen kannst du die Zuckermenge reduzieren oder weißen Zucker durch Kompott, Honig und/oder Agavendicksaft ersetzen. Zusätzlich kannst du weißes Weizenmehl durch Mehlsorten mit einem niedrigen GI wie Gerstenmehl austauschen.

2. Schokolade in den Kuchen geben

Da Schokolade meist Zucker enthält (wenn auch weniger als purer Zucker), reichen ein paar Zartbitterschokotropfen, um die Zuckermenge in einem Rezept zu reduzieren.

3. Obst hinzufügen

Bananen und Birnen eignen sich hervorragend als natürliche Süßungsmittel für Kuchen oder Joghurt.

4. Waffeln, Crêpes und Pancakes mit niedrigem GI

Das kommt in der Familie immer sehr gut an!

Getränke: Gewohnheiten ändern

Ich habe keinen Fruchtsaft mehr gekauft, woraufhin meine Familie sich sehr schnell daran gewöhnt hat, nur noch Wasser zu trinken. Sie hatten letztendlich auch keine Wahl! Softdrinks gab es schon immer nur zu Geburtstagen oder besonderen Anlässen, also hat sich in dieser Hinsicht nichts geändert.

Mein Sohn hat nicht genug getrunken, also musste ich, wie auch schon für mich, eine Alternative zu Wasser finden. Ich habe ihm aromatisierte Tees angeboten, zunächst noch mit Honig, wobei ich die Menge Stück für Stück immer weiter reduziert habe. Mittlerweile trinkt er den Tee pur und fragt täglich danach!

FERTIGKEKSE?

Bleiben wir realistisch: **Du wirst nicht immer die Zeit haben, einen *gesunden* Snack für deine Kinder zuzubereiten, und wirst ein Minimum an Fertigkeksen kaufen müssen**. Es ist eine Herausforderung, welche mit niedrigem GI zu finden, die auch für Kinder angemessen sind. Daher greife ich auf Kekse und Müslis mit dem geringsten Zuckeranteil zurück. 20 Gramm Zucker pro 100 Gramm ist immer noch besser als 40 Gramm.

WIE GEHE ICH MIT MEINEM BEKANNTENKREIS UM?

Wie du sehen wirst, kommt eine Ernährungsumstellung im Bekanntenkreis nicht immer gut an. Einige Personen werden es gar nicht nachvollziehen können oder gar neidisch sein! Beim Ausgehen wirst du vielleicht sogar als Spielverderber gesehen, da Zucker oft mit Spaß und geselligem Beisammensein in Verbindung gebracht wird.

Wenn du mit Freunden unterwegs bist, solltest du **weniger darauf beharren** (außer in Phase 1) und **die bestmöglichen dir zur Auswahl stehenden Nahrungsmittel wählen**.

- Minimiere die Menge an Nahrungsmitteln mit hohem GI.
- Iss Nahrungsmittel mit niedrigem GI in größeren Mengen, damit du auch nicht verhungerst …
- Trinke Sprudelwasser oder maximal ein Glas Alkohol (wenn möglich eher Wein als Bier).

Das Wichtigste ist, dass du durchhältst! Lass dich nicht von Leuten beeinflussen, die dich kritisieren (die wird es immer geben). Und du wirst sehen: Nach dem Entzug wird es dir leichter fallen, nicht nachzugeben.

Viele Personen in meinem Bekanntenkreis haben die Umstellung nicht verstanden, da ich nicht übergewichtig war. Ich musste mich mehr als einmal rechtfertigen. Für mich war es in erster Linie eine Frage der Gesundheit und des Wohlbefindens. Ab einem bestimmten Alter ist es äußerst wichtig, sich um sich selbst zu kümmern. Mir ist bewusst geworden, dass die Ernährung der Schlüssel zu einer guten Gesundheit ist. Aktuell habe ich einen guten Nüchternblutzucker, mit dem mir hoffentlich ein Typ-2-Diabetes erspart bleibt, der sich ohne Ernährungsumstellung vielleicht in den nächsten zehn Jahren eingestellt hätte. Ich fühle mich auch stärker, weil ich die Herausforderung mit Bravour gemeistert habe. Ich bin insgesamt fitter und ausgeglichener und blicke mit weniger Ängsten in meine gesundheitliche Zukunft. Zugegebenermaßen wollte ich auch ein paar Pfunde verlieren, die zu viel waren, und vor allem vermeiden, jedes Jahr zwei Kilogramm zuzulegen! Wenn man schlank ist, fallen Bewegungen leichter, man hat weniger Blockaden im Rücken und gerät weniger schnell außer Atem: Mit zunehmendem Alter ist das wichtig.

Ich hatte nicht mit so vielen Vorteilen gerechnet und hätte auch nicht gedacht, dass ich am Essen noch so viel Freude haben würde. Es gibt Leute, die mir sagen, dass es kein Vergnügen ist, wenn man klassische Desserts nicht mehr essen kann. Ich habe aber deutlich weniger Lust darauf und finde andere Gaumenfreuden. Viele bekunden auch Mitleid, weil sie denken, dass ich nicht vom Leben profitieren kann, doch ich sehe es gar nicht so.

Man muss sich nicht dem gesellschaftlichen Druck beugen, sondern sich selbst treu bleiben. In meinem Alter fällt es mir leichter, das Ganze mit etwas mehr Abstand zu betrachten!

WARUM SOLLTE ICH NICHT DIE GANZE ZEIT KALORIEN ZÄHLEN?

Befund 1:

1 g Kohlenhydrate = 4 Kalorien

1 g Fett = 9 Kalorien

Es wirkt so, als sollte man Fette, aber nicht Kohlenhydrate reduzieren. Das ist FALSCH!

Wenn man zu viele Kohlenhydrate isst, verwandelt der Körper diese in Fett, sodass man genauso viel zunimmt wie mit Fetten.

Befund 2:

Man könnte meinen, dass alle Kohlenhydrate gleichwertig sind. Dabei nimmt man mit einigen mehr zu als mit anderen.

Ein konkretes Beispiel:
Kartoffeln **vs.** Linsen.

100 g gekochte Linsen = 110 Kalorien
100 g gekochte Kartoffeln = 90 Kalorien

Man könnte meinen, dass man mit Linsen mehr zunimmt als mit Kartoffeln. Das ist FALSCH!

Bei gleicher Kalorienzahl lassen Kartoffeln den Blutzuckerspiegel schneller ansteigen als Linsen. Wenn man zu viel davon isst, werden diese dann als Fett gespeichert.

Das hängt ganz klar mit dem glykämischen Index zusammen: Dieser liegt **zwischen 75 und 95** für Kartoffeln (je nach Kochzeit) und bei **ungefähr 30** für Linsen.

Warum liegt der GI dieser beiden stärkehaltigen Nahrungsmittel mit hohem Kohlenhydratanteil so weit auseinander?

Es gibt zwei Erklärungsansätze:

1. Die Natur von Stärke (siehe Seite 13):

Wie wir gesehen haben, setzt sich Stärke aus zwei Bestandteilen zusammen: der Amylose und dem Amylopektin, deren Verhältnis je nach Nahrungsmittel variieren kann.

- Das Amylopektin wird mühelos von den Verdauungsenzymen abgebaut und schnell in Glukose umgewandelt.
- Die Amylose wird nur schwer von den Verdauungsenzymen gespalten und dadurch wenig in Glukose umgewandelt.

Aus diesem Grund haben **Nahrungsmittel mit einem hohen Amyloseanteil einen niedrigeren GI.** Kartoffeln enthalten 20 Prozent Amylose und 80 Prozent Amylopektin, während Linsen 40 bis 65 Prozent Amylose enthalten!

2. Der Ballaststoffgehalt

Linsen enthalten viermal mehr Ballaststoffe als Kartoffeln. Ballaststoffe verlangsamen die Glukosebildung während der Verdauung.

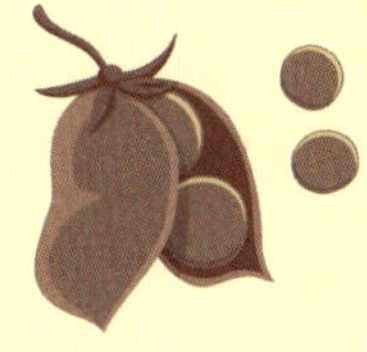

Ich musste feststellen, dass sich mein Gewicht weiter verringerte oder stabil blieb, wenn ich, auch wiederholt, verstärkt zu stärkehaltigen Nahrungsmitteln mit sehr niedrigem GI wie Hülsenfrüchten gegriffen habe.

EIN WEITERER FAKTOR, DEN ES ZU BERÜCKSICHTIGEN GILT, IST DIE TEMPERATUR DES GERICHTS: STÄRKEHALTIGE NAHRUNGSMITTEL MÖGLICHST KALT ESSEN!

Wenn Stärke erhitzt wird, verdickt das Amylopektin und begünstigt die Verdauung für Glukose. Wenn sie jedoch erkaltet, kommt es zu einer sogenannten Retrogradation der Stärkestruktur. Dabei entsteht wieder Widerstand für die Verdauung, was wiederum einen etwas niedrigeren GI bedeutet.

Beispiel: Gekochte Kartoffeln haben einen hohen GI (zwischen 75 und 95). Im kalten Zustand im Salat beträgt der GI im Schnitt 60 (eine säuerliche Vinaigrette senkt den GI noch weiter).

WAS DARF ICH ZUM FRÜHSTÜCK ESSEN?

Getränke: Tee, Kaffee, pflanzliche Drinks

IDEE 1

Zerealien-Special

1 volle Schüssel mit:

- **Zerealien mit niedrigem GI und weniger als 5 Prozent Zuckergehalt** (Haferflockenmüsli und/oder Granola)
- → Zum Frühstück kann man Zerealien auch in Form von Porridge oder als Bowl Cake verspeisen > Rezept auf Seite 135
- **Nüsse** (Haselnusskerne, Mandelkerne ...)
- **Topping für den Genussfaktor** (Kokosnuss, Zartbitterschokotropfen ...]
- **Samen** (Lein, Chia, Hanf ...)
- **1 pflanzlicher Drink oder 1 pflanzlicher Joghurt** (wahlweise)
- **1 Frucht** (wahlweise)

Der GI von **Haferflocken** steigt beim Kochvorgang, also Vorsicht mit der Menge. Lasse sie nach dem Kochen abkühlen oder gib Haferkleie zu, um den GI zu senken.

SELBST GEMACHTE KONFITÜRE OHNE ZUCKER

200 g Beerenfrüchte mit 1 EL Chiasamen und 2 EL Wasser 10 Minuten kochen, dabei immer wieder umrühren. 1 Stunde kalt stellen. Fertig!

IDEE 2

Für Naschkatzen

- Mini Bananenbrot > Rezept auf Seite 128
- Pancakes > Rezept auf Seite 134
- Waffeln > Rezept auf Seite 133
- Crêpes > Rezept auf Seite 133

Dafür etwas mehr Vorbereitungszeit einplanen, sonntags zubereiten und für die Woche einfrieren.

IDEE 3

Herzhaft

- **Vollkornbrot** > Rezepte auf Seite 118 oder **Buchweizencrêpe** > Rezept auf Seite 111
- **Belag**: Käse, Avocado, Ei, Schinken, **Ölsamen ...**

IDEE 4

Klassisch

- **Vollkornbrot**, etwa Roggen, aus Mehlsorten mit niedrigem GI > Rezept auf Seite 118
- **Aufstrich nach Wahl** (Erdnussbutter, Mandel- oder Haselnussmus, Butter, Margarine mit nicht hydrierten Fetten, Zartbitterschokolade, Kompott oder Konfitüre ohne Zuckerzusatz ...)
- **Obst und/oder pflanzlicher Joghurt** (wahlweise)

WIE KANN ICH ALTE REZEPTE AN DIE GLYX-ERNÄHRUNG ANPASSEN??

Es ist gar nicht so schwer, seine alten Rezepte so abzuwandeln, dass sie einen niedrigen GI haben! Hier ein paar Tipps, um dir dabei zu helfen.

→ Weißes Weizenmehl durch eine, zwei oder sogar drei Mehlsorten deiner Wahl ersetzen.

- **Meine Lieblingssorten für salzige Speisen:** Weizenvollkornmehl Type 1600, Gerstenmehl mit seinem weniger intensiven Geschmack, Buchweizenmehl mit seinem charakteristischen Eigengeschmack.
- **Meine Lieblingssorten für süße Speisen:** Gersten- und Dinkelvollkornmehl eignen sich gut für Desserts, da sie eine leichte Konsistenz behalten. Für bestimmte Kuchen kann man zum Teil auch Weizenvollkornmehl Type 1600 verwenden.

Ich habe auch noch weitere **Mehlsorten** mit niedrigem GI getestet, wie etwa **auf der Basis von Hülsenfrüchten** (Lupine, Linsen, Kichererbsen ...), die ebenfalls kein Gluten enthalten. Für gewöhnlich nehme ich davon ein Drittel der Menge und ergänze den Rest mit einer meiner Lieblingssorten.

Kokosmehl hat einen starken Eigengeschmack und sollte daher nur zu 20 Prozent verwendet und mit einer anderen Mehlsorte gemischt werden.

Ich ersetze oft das Mehl, zum Teil oder komplett, **durch gemahlene Mandelkerne oder Haselnusskerne.** Das ergibt eine zarte Konsistenz und senkt auch noch mal deutlich den GI des Gerichts.

→ Zucker durch eine oder zwei Zuckeralternativen ersetzen und die gewohnten Mengen reduzieren.

- **Meine Lieblingssorten:** Kokosblütenzucker, Xylit (Birkenzucker), Agavendicksaft, Akazienhonig.
- **Sowie natürliche Süßungsmittel:** Obst, Schokolade, Apfelkompott ohne Zuckerzusatz.

Ich reduziere die Zuckermenge in meinen alten Rezepten um ein Viertel oder ein Drittel – insbesondere wenn der Kuchen Schokolade oder Obst enthält. Und wenn ich Xylit, Agavendicksaft oder Honig verwende, reduziere ich die Menge noch mal um ein Drittel wegen der größeren Süßstärke der alternativen Süßungsmittel.

→ Kartoffeln durch Süßkartoffeln ersetzen.

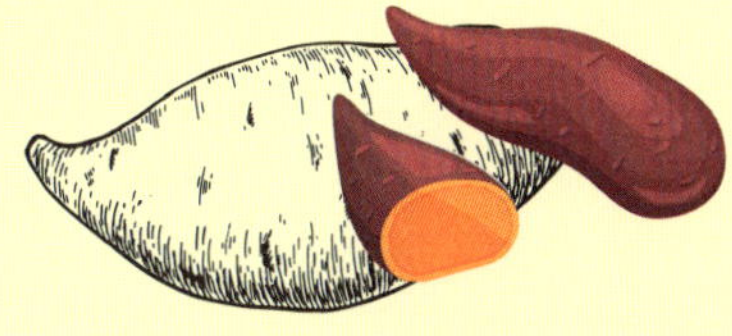

→ Kuhmilch, Sahne oder Joghurt durch pflanzliche Alternativen oder Sorten mit Ziegen- oder Schafmilch ersetzen.

Es gibt zahlreiche pflanzliche Alternativen:

- **Neutraler Geschmack, der immer passt:** Hafer, Dinkel, Soja, Cashew.
- **Ausgeprägterer Eigengeschmack, besser für Süßes:** Mandel, Kokosnuss, Haselnuss.

GLYX-ERNÄHRUNG
IM ALLTAG

Jetzt gibt es herzhafte und süße *gesunde* Rezepte mit niedrigem GI, die du als Orientierung oder Inspiration heranziehen kannst!

Weitere Rezepte findest du auf meinem Instagram-Profil @0sucre_et_igbas.

Salad Bowl

MIT LINSEN UND ORANGE

Zubereitungszeit: 15 Minuten • Koch-/Backzeit: 25 Minuten • Für 2 Personen

- 60 g grüne Linsen
- Wasser
- 1 kleine Aubergine
- Olivenöl
- Salz
- frisch gemahlener schwarzer Pfeffer
- 4 Champignons
- 1 Orange
- 2 Handvoll Blattsalat
- mehrere eingelegte Tomaten
- 2 EL Ziegenfrischkäse
- 6 EL Vinaigrette
- Schalotten, Schnittlauch, Sesamsamen

Linsen im Wasser 25 Minuten kochen.

In der Zwischenzeit die Aubergine in schmale Spalten schneiden und auf ein Backblech mit Antihaft-Backmatte legen. Mit Öl, Salz und Pfeffer bestreichen. Bei 200 °C 20 Minuten im Ofen garen.

Champignons und Orange in Streifen schneiden.

Teller mit Linsen, Orange, gegrillter Aubergine, Champignons, Blattsalat und eingelegten Tomaten anrichten. Ziegenkäse in der Mitte platzieren.

Mit Vinaigrette übergießen und mit geschnittener Schalotte und Schnittlauch sowie Sesamsamen garnieren.

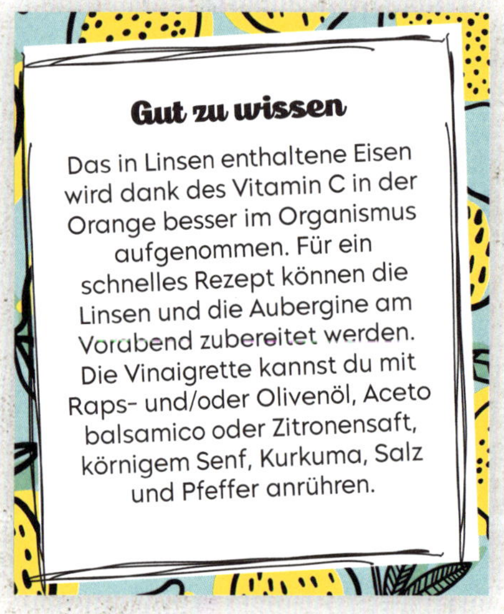

Gut zu wissen

Das in Linsen enthaltene Eisen wird dank des Vitamin C in der Orange besser im Organismus aufgenommen. Für ein schnelles Rezept können die Linsen und die Aubergine am Vorabend zubereitet werden. Die Vinaigrette kannst du mit Raps- und/oder Olivenöl, Aceto balsamico oder Zitronensaft, körnigem Senf, Kurkuma, Salz und Pfeffer anrühren.

#glutenfrei

EIN PAAR INSPIRATIONEN FÜR Glyx-Salate

Jede Woche plane ich mindestens einen Salat ein (je nach Jahreszeit und Lust auch mehr). Die Möglichkeiten sind grenzenlos! Hier ein paar Ideen zur Inspiration. Als Beilage empfehle ich ein Olivenöldressing mit Zitronensaft oder Essig, körnigem Senf, Kurkuma, Salz und Pfeffer.

Libanesisches Taboulé

Rote Linsen, Salatgurke, Tomaten, viel Petersilie, Minze, Zitronensaft, rote Zwiebel.

Frischer Salat

Cherrytomaten, Blattsalat, Radieschen, Surimi, Parmesan, Toast mit Süßkartoffel und Auberginenkaviar (siehe Rezept auf Seite 122).

Sommerlicher Salat

Melone, Tomaten, Salatgurke, Feta, Walnusskerne, Minze.

Sättigende Salad Bowl

Rohe Zucchini-Tagliatelle, Quinoa, Süßkartoffel, Walnusskerne, Feta, Minze.

Salad Bowl für Genießer

Avocado, Fourme d'Ambert (französischer Edelschimmelkäse), Pilze, Tomaten, Karotte, gekochtes Ei, Alfalfasprossen, Koriander.

Salad Bowl mit Forelle

Rohe Zucchini-Tagliatelle, Tomaten, geriebene Karotte, Avocado, Forelle, Mandelkerne, Basilikum, Ktipiti-Dip (siehe Rezept auf Seite 120).

Chia mit Räucherlachs im Glas

Zubereitungszeit: 5 Minuten
Ruhezeit: 40 Minuten • Für 4 Personen

30 g Chiasamen • 300 ml flüssige Kokosmilch • 130 g Frischkäse • Salz • frisch gemahlener schwarzer Pfeffer • Schnittlauch (oder andere Kräuter) • 3 Tomaten • 4 Scheiben Räucherlachs • Keimlinge (wahlweise)

Chiasamen mit einem Schneebesen in Kokosmilch einrühren. 5 Minuten warten, dann weiterrühren. 30–40 Minuten im Kühlschrank ziehen lassen. Anschließend wieder kräftig rühren, um die Samen vollständig zu entkörnen.

Frischkäse unter den Chiapudding heben und mischen, bis die Masse eine geschmeidige Konsistenz hat. Mit Salz und Pfeffer abschmecken und mit Schnittlauch bestreuen.

Gläser in Schichten mit gewürfelten Tomaten, Chia-Creme und Räucherlachs füllen. Wahlweise mit Keimlingen garnieren.

Tipp

Kokosmilch hat einen zarten Eigengeschmack nach Kokosnuss. Wenn du einen neutraleren Geschmack bevorzugst, kannst du auch einen anderen Pflanzendrink verwenden (zum Beispiel Dinkel, Hafer, Soja ...).

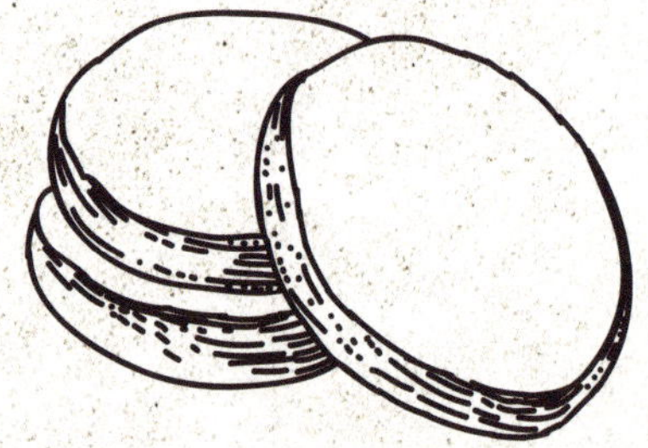

Herzhafte Kekse mit Parmesan

Zubereitungszeit: 10 Minuten
Koch-/Backzeit: 15 Minuten • Für 12 Stück

100 g Weizenmehl Type 1600 • 50 g Gerstenmehl • 30 g Parmesan • 1 Prise Salz • 25 ml Wasser • 50 ml Olivenöl

Weizenmehl, Gerstenmehl, Parmesan und Salz in einer Schüssel vermengen. 25 ml Wasser und das Olivenöl hinzufügen. Mit der Hand kneten, bis ein homogener Teig entsteht.

Den Teig mit einem Nudelholz 5 mm gleichmäßig dick ausrollen. Mit einem Dessertring (Durchmesser: 8 cm) oder einem breiten Glas Kreise ausstechen und auf ein Backblech mit Antihaft-Backmatte legen.

In ca. 15 Minuten bei 200 °C im Backofen goldbraun backen. Die Kekse auskühlen lassen und genießen.

EMPFEHLUNG: Pur als Amuse-Gueule servieren oder als leichtes Abendessen mit folgenden Belagoptionen:
- Hummus + Cherrytomaten + Basilikum
- Ziegenfrischkäse + Räucherlachs + Cherrytomaten
- Saint Agur (französischer Edelschimmelkäse) + Birnenscheiben

#glutenfrei

Gut zu wissen

Zucchini macht die Suppe leichter und bringt einen ausgewogenen Erbsengeschmack, wie ihn Kinder lieben. Im Winter kannst du auch die Tiefkühlvariante nutzen.

Blumenkohlcreme-suppe mit Pesto

Zubereitungszeit: 10 Minuten
Kochzeit: 30 Minuten • Für 3–4 Personen

1 Zwiebel • 1 Knoblauchzehe • 2 EL Olivenöl • 1 kg Blumenkohl • 250 ml Cashewdrink • 35 g geriebener Parmesan • Salz • frisch gemahlener schwarzer Pfeffer • 1 EL Pesto pro Person

Zwiebel und Knoblauch abziehen, zerkleinern und mit Olivenöl in einem Kochtopf 2 Minuten andünsten. Blumenkohlstücke und 250 ml Wasser hinzufügen. Für 25 Minuten abgedeckt köcheln lassen.

Cashewdrink und Parmesan zugeben, dann mit Salz und Pfeffer würzen. Für 3 Minuten weiterkochen. Dann alles fein pürieren.

In Schüsseln mit Pesto anrichten und noch mal mit Pfeffer abschmecken.

Tipp

Das Pesto bringt eine genussvolle Note, harmoniert gut mit Blumenkohl und eignet sich daher besonders gut für Personen, die nichts mit dem Gemüse anfangen können. Du kannst es aber auch durch Currypulver ersetzen und damit den Geschmack des Blumenkohls für die Kinder verschleiern.

Sämige Erbsensuppe mit Boursin-Käse

Zubereitungszeit: 10 Minuten
Kochzeit: 30 Minuten • Für 4 Personen

1 kleine Zwiebel • 1 EL Olivenöl • 3 Zucchini • 200 g ungekochte Erbsen • Salz • frisch gemahlener schwarzer Pfeffer • 60 g Boursin mit Schalotte und Schnittlauch (französischer Doppelrahmkäse, erhältlich im Feinkostgeschäft; optional etwas mehr zum Anrichten) • ein paar Walnusskerne

Zwiebel abziehen, würfeln und mit Olivenöl 2 Minuten in einem Topf dünsten. Zucchini in Scheiben schneiden und mit den Erbsen zugeben. Mit Salz und Pfeffer würzen. Den Topf zur Hälfte mit Wasser füllen und das Gemüse 25 Minuten bei mittlerer Hitze kochen.

Boursin hinzufügen und alles sehr fein pürieren, bis keine Erbsenstücke mehr vorhanden sind. Nach Wunsch die Konsistenz mit Wasser anpassen.

Die Suppe mit gehackten Walnusskernen anrichten. Nach Wunsch auch mit ein bisschen Boursin servieren.

ALTERNATIVE: Du kannst den Boursin-Käse auch durch eine pflanzliche Sahne ersetzen.

#glutenfrei

Champignonsuppe mit Blumenkohl und Blauschimmelkäse

Zubereitungszeit: 10 Minuten
Kochzeit: 35 Minuten • Für 3–4 Personen

200 g Blumenkohl • 350 g Champignons • 1 kleine Zwiebel • ½ Knoblauchzehe • 1 TL Kreuzkümmel • Salz • frisch gemahlener schwarzer Pfeffer • 80 g Fourme d'Ambert (französischer Edelschimmelkäse, erhältlich im Feinkostgeschäft) • 100 ml pflanzliche Sahne (Cashew, Hafer oder Soja) • Mandelblättchen (wahlweise)

Blumenkohl in Röschen zerlegen und 15 Minuten in Wasser kochen.

Champignons großzügig schneiden (davon welche zum Garnieren beiseitelegen).

Gekochten Blumenkohl, Champignons, Zwiebel, gehackten Knoblauch und Kreuzkümmel mit 500 ml Wasser in einen Topf geben. Mit Salz und Pfeffer würzen. 20 Minuten bei mittlerer Hitze kochen lassen.

Käse und pflanzliche Sahne hinzugeben und die Zutaten pürieren. Wasser hinzufügen, wenn die Konsistenz zu dickflüssig ist.

Suppe mit Champignons und wahlweise auch Mandelblättchen anrichten.

Butternut-Kürbissuppe mit roten Linsen und Tomaten

Zubereitungszeit: 15 Minuten
Kochzeit: 30 Minuten • Für 4 Personen

400 g Butternut-Kürbis • 1 kleine Zwiebel • 400 g stückige Tomaten in Tomatensaft aus der Dose • 2 TL indische Gewürzmischung • 150 g rote Linsen • 100 ml fettreduzierte Kokoscreme • Salz • frisch gemahlener schwarzer Pfeffer Mandelblättchen • Koriander und luftgetrockneter Schinken (wahlweise auch ohne Schinken für eine vegane Version)

Kürbis schälen und schneiden. Zwiebel abziehen und fein schneiden. Kürbisstücke mit Tomaten, fein geschnittener Zwiebel und Gewürzen in einen Topf geben. Den Topf mit Wasser füllen und den Kürbis 15 Minuten bei mittlerer Hitze kochen.

Linsen mit etwas Wasser hinzufügen und noch mal 15 Minuten kochen.

Kokoscreme hinzufügen und pürieren. Mit Salz und Pfeffer abschmecken.

Die Suppe mit Mandelblättchen, Koriander und wahlweise auch luftgetrockneten Schinkenscheiben garnieren.

ALTERNATIVE: Du kannst den Butternut-Kürbis für eine leichtere Suppe durch den weißen Teil von 2 Lauchstangen ersetzen.

Gut zu wissen

Um Zeit zu sparen, habe ich den Kürbis im Voraus geschält und geschnitten und dann eingefroren. Du kannst den Kürbis durch den weißen Teil von 2 großen Lauchstangen ersetzen. Diese dafür für 5 Minuten in einer Pfanne mit Öl zerlassen, bevor die Linsen zugegeben werden.

BROKKOLI-ZUCCHINI-Suppe

Zubereitungszeit: 10 Minuten • Koch-/Backzeit: 25 Minuten • Für 4 Personen

- ½ Zwiebel
- 1 EL Olivenöl
- Röschen von 1 Brokkoli
- 2 Zucchini
- 1 Würfel Gemüsebrühe
- 100 ml pflanzliche Sahne (Hafer, Cashew oder Soja)
- frisch gemahlener schwarzer Pfeffer
- salziges Granola (siehe unten)
- 4 EL Ziegenfrischkäse (wahlweise auch ohne für eine vegane Version)

Zwiebel abziehen, in Würfel schneiden und mit Öl in einem Topf anbraten. Brokkoli und Zucchinischeiben hinzufügen. Gemüsebrühe in 3 EL warmem Wasser auflösen und zugeben. Den Topf zu einem Drittel mit Wasser aufgießen und die Zutaten 25 Minuten kochen.

Wenn alles gar ist, pflanzliche Sahne sowie Pfeffer zugeben und pürieren. Die Suppe mit salzigem Granola garnieren. Nach Wunsch auch mit ein bisschen Ziegenfrischkäse servieren.

Salziges Granola

70 g Ölsamen (20 g Walnusskerne, 20 g Cashewkerne, 15 g Haselnusskerne, 15 g Mandelkerne) • 50 g Haferflocken • 45 g Samen (30 g Kürbiskerne, 15 g Sesamsamen) • 1 TL Kreuzkümmel • 1 EL Parmesan • 1 kleiner TL körniger Senf • 3 EL Olivenöl • Salz (nach Geschmack)

Ölsamen grob hacken. Trockene Zutaten vermengen. Senf, Öl, 2 EL Wasser und etwas Salz hinzugeben und alles vermischen. Bei 170 °C 15 Minuten im Ofen auf einem Backblech mit Antihaft-Backmatte backen. Auskühlen lassen. Das Granola zu Suppe, Gemüse, Salat oder als Amuse-Gueule servieren.

Gut zu wissen

Der glykämische Index (GI) von Haferflocken steigt während des Kochvorgangs, aber sinkt wieder etwas bei der Erkaltung. Außerdem senken die Ölsamen, die reich an guten Fetten sind, den GI des Granolas.

Gut zu wissen

Hokkaidokürbis hat einen glykämischen Index (GI) von 65, aber eine schwache glykämische Last, sodass man ihn in kleinen Mengen essen kann. Um den glykämischen Index noch weiter zu reduzieren, habe ich noch Zucchini hinzugefügt: Das macht die Suppe leichter und erhält trotzdem den Kürbisgeschmack.

KÜRBIS-ZUCCHINI-Suppe

Zubereitungszeit: 15 Minuten • Kochzeit: 25 Minuten • Für 6 Personen

- 1 Zwiebel
- 1 EL Olivenöl
- 750 g Hokkaidokürbis (mit Schale)
- 3 Zucchini
- Kurkuma
- Salz
- frisch gemahlener schwarzer Pfeffer
- 150 ml pflanzliche Sahne (Cashew, Hafer oder Soja)
- Haselnusskerne
- Basilikum
- Ziegenfrischkäse (wahlweise auch ohne für eine vegane Version)

Zwiebel abziehen, in Würfel schneiden und mit Öl in einem Topf anbraten. Hokkaidokürbis und Zucchini in Stücke schneiden und mit Kurkuma, Salz und Pfeffer hinzugeben. Gemüse zur Hälfte mit Wasser bedecken und 25 Minuten kochen.

Pflanzliche Sahne zugeben und pürieren. Wasser hinzufügen, wenn die Konsistenz zu dickflüssig ist.

Die Suppe auf Schüsseln verteilen und mit gehackten Haselnusskernen, Basilikum und wahlweise auch Ziegenfrischkäse garnieren.

#glutenfrei
#vegan

Fresh Bowl
UND HAUSGEMACHTE FALAFELN

Zubereitungszeit: 20 Minuten • Koch-/Backzeit: 20 Minuten • Für 4 Personen

- 1 kleine Salatgurke
- 4 Champignons
- 12 Radieschen
- 4 Karotten
- Blattsalat
- Hummus (siehe Rezept auf Seite 122)
- Koriander

FÜR DIE FALAFELN

- 250 g Kichererbsen aus der Dose
- 1 Knoblauchzehe
- ¼ Zwiebel
- ½ Bund Koriander (oder Petersilie)
- 2 TL Kreuzkümmel
- 4 EL Olivenöl
- Salz
- frisch gemahlener schwarzer Pfeffer
- geröstete Sesamsamen

Für die Falafeln alle Zutaten außer Sesamsamen in einem Standmixer pürieren. Mit Salz und Pfeffer würzen. Die Bällchen mit der Hand formen und in Sesam wälzen. Bei 185 °C 20 Minuten im Ofen backen.

Gurke in Stifte schneiden, Champignons und Radieschen in Scheiben schneiden, Karotten raspeln.

Jede Schüssel mit etwas Blattsalat auslegen, dann Rohkost, Falafeln und 2 EL Hummus draufgeben. Mit Koriander garnieren.

#glutenfrei
#vegan

#gluterfrei

Shakshuka

MIT KIDNEYBOHNEN UND PAPRIKA

Zubereitungszeit: 10 Minuten • Kochzeit: 18 Minuten • Für 4 Personen

- 1 große Paprikaschote (oder tiefgefrorener Paprikamix)
- 2 EL Olivenöl
- 400 g Kidneybohnen aus der Dose
- 400 g stückige Tomaten in Tomatensaft aus der Dose
- 2 TL gemahlener Kreuzkümmel
- Salz
- frisch gemahlener schwarzer Pfeffer
- 4 Eier
- geriebener Comté (oder Reibekäse)

Tipp

Für mehr Abwechslung kannst du auch Zwiebeln und grüne Bohnen hinzufügen.

Paprikaschote waschen, halbieren, entkernen, in Streifen schneiden und mit Öl in einer Pfanne schmoren, bis sie weich sind.

Kidneybohnen, Tomaten und Kreuzkümmel hinzufügen. Mit Salz und Pfeffer würzen. Das Ganze 5 Minuten erhitzen.

Eier in eine andere Pfanne aufschlagen, zu Spiegeleiern braten und mit Comté bestreuen. Wenn der Käse geschmolzen ist, die Spiegeleier auf die Kidneybohnen-Paprika-Mischung legen.

#glutenfrei
#vegan

Linsen-Dal

MIT SPINAT

Zubereitungszeit: 7 Minuten • Kochzeit: 30 Minuten • Für 4 Personen

- 270 g grüne Linsen
- 200 g gehackter Tiefkühl-Spinat
- 400 g stückige Tomaten in Tomatensaft aus der Dose
- 1 Knoblauchzehe
- 3 TL Kreuzkümmel + 2 TL gemahlener Koriander (oder 4 TL indische Gewürzmischung)
- Salz
- frisch gemahlener schwarzer Pfeffer
- 100 ml fettreduzierte Kokoscreme
- frischer Koriander

Linsen in einem Topf mit Wasser in 25 Minuten weich kochen. Spinat auftauen.

Linsen, Spinat und Tomaten mit dem fein gehackten Knoblauch und Gewürzen (je nach Vorliebe dosieren) in eine Schüssel geben. Mit Salz und Pfeffer würzen.

Kokoscreme hinzugeben und das Gericht in einem Topf oder in der Mikrowelle erhitzen.

Mit Koriander garnieren und servieren.

Tipp

Um Zeit zu sparen, die Linsen am Vortag kochen. Für mehr Abwechslung kannst du statt des Spinats auch Kürbispüree nehmen.

Gemüsecurry

Zubereitungszeit: 15 Minuten • Kochzeit: 30–35 Minuten • Für 4 Personen

- 1 Aubergine
- 4 EL Olivenöl
- 4 Eier
- 1 Zwiebel
- 2 Zucchini
- 1 Knoblauchzehe
- 1 Handvoll Spinat
- 4 TL Currypulver
- 1 TL gemahlener Koriander
- 1 TL Ingwer
- Salz
- frisch gemahlener schwarzer Pfeffer
- 400 g Kichererbsen aus der Dose
- 150 ml fettreduzierte Kokoscreme
- 8 EL passierte Tomaten

Aubergine würfeln und in einer Pfanne mit 3 EL Öl und 4 EL Wasser zugedeckt 10 Minuten andünsten.

In der Zwischenzeit Eier hart kochen.

Zwiebel abziehen und in Würfel schneiden, Zucchini waschen und ebenfalls in Würfel schneiden. Beides mit dem restlichen Öl in einem Topf 5 Minuten anbraten. Gehackten Knoblauch, Spinat, Gewürze und 1 kleines Glas Wasser hinzufügen. Zum Schluss noch die gekochte Aubergine zugeben. Mit Salz und Pfeffer würzen. Für 10 Minuten bei niedriger Hitze köcheln lassen, dabei immer wieder umrühren.

Abgespülte Kichererbsen, Kokoscreme und passierte Tomaten hinzufügen und 5–10 Minuten weiterköcheln lassen. Gut pfeffern, um den Geschmack hervorzuheben. Mit den hart gekochten Eiern servieren.

Tipp

Als Beilage zum Curry 1 EL Ktipiti pro Person servieren (siehe Rezept auf Seite 120).

Weiße Bohnen

NACH ITALIENISCHER ART

Zubereitungszeit: 10 Minuten • Kochzeit: 8 Minuten • Für 4 Personen

- 1 Zwiebel
- 1 Knoblauchzehe
- 1 TL Olivenöl
- 400 g stückige Tomaten in Tomatensaft aus der Dose
- 4 EL pflanzliche Sahne (Cashew, Hafer oder Soja)
- 2 EL Parmesan
- 3–4 EL Pesto
- Salz
- frisch gemahlener schwarzer Pfeffer
- 400 g weiße Bohnen aus der Dose
- 1 große Kugel Burrata
- Basilikum
- Pinienkerne (wahlweise)

Zwiebel und Knoblauch abziehen, fein würfeln und bei mittlerer Hitze in einer Pfanne mit Öl 3 Minuten anbraten.

Tomaten, pflanzliche Sahne, Parmesan und 1 TL Pesto zugeben. Mit Salz und Pfeffer würzen und umrühren.

Weiße Bohnen abspülen und abtropfen. Dann in die Pfanne geben. 5 Minuten erhitzen und bei Bedarf etwas Wasser hinzufügen.

Weiße Bohnen auf jedem Teller mit Burrata-Stücken, ein wenig Pesto, Basilikum und wahlweise Pinienkernen garnieren.

Kürbislasagne
MIT SPINAT

Zubereitungszeit: 30 Minuten • Koch-/Backzeit: 35 Minuten • Für 4 Personen

- 600 g Butternutkürbis (ohne Schale)
- 200 g gehackter Tiefkühl-Spinat
- 50 g Ziegenfrischkäse (z. B. Chavroux, erhältlich im Feinkostgeschäft)
- *½ Becher griechischer Schafjoghurt*
- 1 Rolle Ziegenweichkäse
- Reibekäse

FÜR DIE BÉCHAMELSAUCE
- 20 g Gerstenmehl (oder Kichererbsenmehl für eine glutenfreie Variante)
- 200 ml Pflanzendrink (Cashew oder anderer)
- 10 g Butter
- ½ Becher griechischer Schafjoghurt
- Salz
- frisch gemahlener schwarzer Pfeffer

Butternutkürbis in 5 mm dünne Scheiben schneiden. Im Wasser 20 Minuten kochen, bis sie weich sind. Spinat auftauen.

In der Zwischenzeit die Béchamelsauce zubereiten. Dafür Mehl mit 1 EL Pflanzendrink in einen Topf geben (aufpassen, dass sich keine Klumpen bilden) und den Rest unter ständigem Rühren langsam zugeben. Die Sauce auf mittlerer Hitze weiterrühren, bis sie andickt. Vom Herd nehmen. Erst Butter und dann Joghurt zugeben. Mit Salz und Pfeffer würzen und alles umrühren.

Spinat mit Ziegenfrischkäse und Joghurt in einer Schüssel vermengen.

In einer Auflaufform nacheinander eine dünne Schicht Béchamelsauce, Kürbis, Spinat und Ziegenweichkäse in Scheiben schichten. Diesen Vorgang noch 1-mal wiederholen. Mit einer Schicht Kürbis und Béchamelsauce enden, anschließend mit Reibekäse bestreuen. Bei 200 °C für 15 Minuten im Ofen backen.

#glutenfrei

Süßkartoffelgratin

MIT AUBERGINE UND GORGONZOLA

Zubereitungszeit: 10 Minuten • Koch- und Backzeit: 30 Minuten • Für 4 Personen

- 1 große Süßkartoffel
- 1 große Aubergine
- 1 Schalotte
- 200 g Gorgonzola
- Kräuter der Provence

Süßkartoffel schälen und in Scheiben schneiden. 5 Minuten in Wasser kochen.

Aubergine in Scheiben schneiden und Schalotte fein schneiden.

Süßkartoffel- und Auberginenscheiben und Gorgonzola abwechselnd in einer Form schichten. Mit Kräutern der Provence und Schalotte bestreuen. Bei 220 °C 25 Minuten im Ofen backen.

Tipp

Für dieses Rezept eignet sich jeder Blauschimmelkäse. Nicht-Vegetarier können auch noch Schinken hinzufügen.

Tarte Tatin

MIT ZWIEBEL UND FENCHEL

Zubereitungszeit: 25 Minuten • Koch-/Backzeit: 40 Minuten • Für 4–6 Personen

FÜR DEN TEIG
- 110 g Buchweizenmehl
- 90 g Weizenmehl Type 1600
- 1 Prise Salz
- 60 ml Olivenöl
- 60 ml Wasser

FÜR DEN BELAG
- 5 große Zwiebeln
- 1 Fenchel
- 1 EL Akazienhonig
- 4 EL Olivenöl
- Salz
- frisch gemahlener schwarzer Pfeffer
- Thymian

Für den Belag Zwiebeln abziehen und längs in 5 Teile schneiden. Fenchel längs vierteln.

Fenchel, Zwiebeln und Honig bei mittlerer Hitze in eine Pfanne mit Öl geben. Zugedeckt 20 Minuten goldbraun braten, dabei immer wieder umrühren und das Gemüse 2- bis 3-mal wenden.

In der Zwischenzeit den Teig vorbereiten. Mehl mit Salz vermengen, Öl und Wasser zugeben und alles durchkneten. Den Teig mit einem Nudelholz zügig auf Backpapier ausrollen.

Wenn das Gemüse goldbraun ist, in eine Springform (Durchmesser: 25 cm) geben. Mit Salz und Pfeffer würzen und mit Thymian bestreuen.

Den Teig darüberlegen. Das Backpapier abziehen und den überstehenden Rand in die Form umklappen. Bei 200 °C 20 Minuten im Ofen backen. Die Tarte stürzen.

TIPP: Das Rezept funktioniert auch nur mit Zwiebeln und ohne Fenchel. Nicht-Vegetarier können auch noch 100 g Baconstreifen hinzufügen.

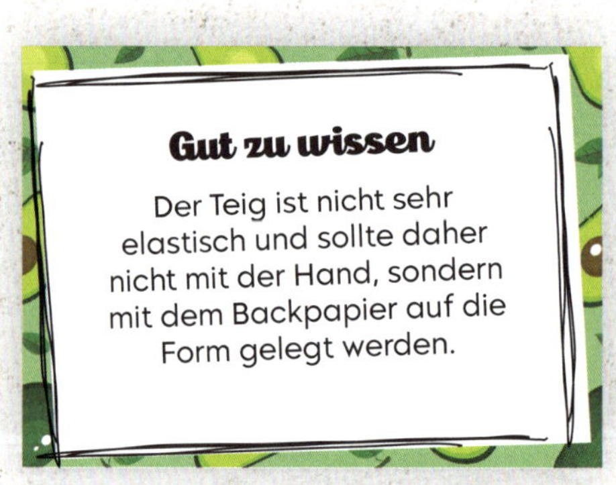

Gut zu wissen

Der Teig ist nicht sehr elastisch und sollte daher nicht mit der Hand, sondern mit dem Backpapier auf die Form gelegt werden.

Spinat-Flan mit Tomatenkern

Zubereitungszeit: 5 Minuten
Koch-/Backzeit: 30 Minuten
Für 7–8 Personen

250 g gehackter Tiefkühl-Spinat • 250 g Ricotta • 100 g Pesto mit 30 % Basilikum • 1 Ei • 30 g gemahlene Mandelkerne • Salz • frisch gemahlener schwarzer Pfeffer • 7–8 Cherrytomaten

Spinat auftauen und mit Ricotta und Pesto vermischen. Ei und gemahlene Mandelkerne zugeben und mit einem Schneebesen schlagen. Mit Salz und Pfeffer würzen.

Die Masse in Muffinförmchen gießen und 1 Cherrytomate mittig in jede Mulde beziehungsweise jedes Förmchen platzieren. Bei 180 °C 30 Minuten im Ofen backen.

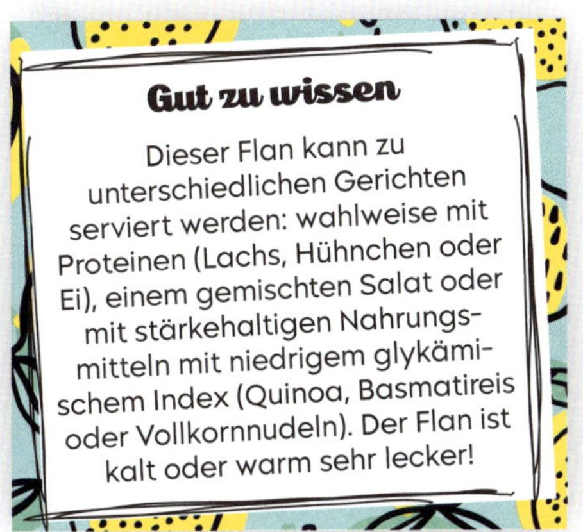

Gut zu wissen

Dieser Flan kann zu unterschiedlichen Gerichten serviert werden: wahlweise mit Proteinen (Lachs, Hühnchen oder Ei), einem gemischten Salat oder mit stärkehaltigen Nahrungsmitteln mit niedrigem glykämischem Index (Quinoa, Basmatireis oder Vollkornnudeln). Der Flan ist kalt oder warm sehr lecker!

Zucchini-Pommes

Zubereitungszeit: 10 Minuten
Koch-/Backzeit: 20 Minuten
Für 3–4 Personen

2–3 Zucchini • 1 Ei • 40 g Parmesan • 30 g Haferkleie • 1 EL geröstete Sesamsamen • Kreuzkümmel (oder Paprikapulver)

Zucchini in breite Stifte schneiden.

Eine Schüssel mit dem verquirlten Ei und eine andere mit den restlichen Zutaten bereitstellen.

Zucchini-Pommes in die erste Schüssel tunken, anschließend in der zweiten wälzen. Die Zucchini-Pommes auf ein Backblech mit Antihaft-Backmatte legen. Bei 200 °C 20 Minuten im Ofen backen.

Gefüllte Aubergine

MIT FETA

Zubereitungszeit: 12 Minuten • Koch-/Backzeit: 35–40 Minuten • Für 2 Personen

- 1 große Aubergine
- 3 EL Olivenöl
- frisch gemahlener schwarzer Pfeffer
- 100 g Feta
- 1 EL Tomatensauce
- ½ Knoblauchzehe
- Thymian
- frisches Basilikum (oder Koriander)

Aubergine längs halbieren. Mit einem Messer das Fleisch kreuzweise einritzen. Die Oberflächen mit jeweils der Hälfte des Öls bestreichen, mit Pfeffer würzen und bei 200 °C 25–30 Minuten im Ofen garen.

Das Auberginenfleisch vorsichtig mit einem Löffel ausschaben und mit Fetastücken, Tomatensauce, gehacktem Knoblauch und Thymian vermengen. Mit Pfeffer würzen, aber nicht salzen (Feta enthält viel Salz).

Die Füllung auf die Auberginenhälften verteilen. Bei 160 °C 10 Minuten im Ofen erwärmen. Mit Basilikum bestreuen und servieren.

Tipp

Als Beilage empfehle ich ein Spiegelei, Kürbiskerne und Salat. Die Auberginen kannst du auch am Vortag zubereiten, um am Tag selbst Zeit zu sparen.

#glutenfrei

Auberginensandwich

MIT AVOCADO, SCHINKEN UND ZIEGENKÄSE

Zubereitungszeit: 10 Minuten • Koch-/Backzeit: 20 Minuten • Für 2 Personen

- 1 Aubergine
- 3 EL Olivenöl
- Salz
- frisch gemahlener schwarzer Pfeffer
- 1 große Avocado
- 1 ½ EL Zitronensaft
- Kreuzkümmel
- ca. 50 g Ziegenfrischkäse
- 3 Scheiben Räucherschinken
- Kürbiskerne, frischer Basilikum oder frischer Koriander (wahlweise)

Aubergine längs in Scheiben schneiden. Auf ein Backblech mit Antihaft-Backmatte legen, mit Öl bepinseln, mit Salz und Pfeffer würzen. Bei 200 °C 20 Minuten im Ofen garen. Auskühlen lassen.

Avocado mit einer Gabel zerdrücken. Zitronensaft, Kreuzkümmel, etwas Salz und Pfeffer zugeben und vermengen.

Die Auberginenscheiben mit Avocadocreme bestreichen. Eine weitere Auberginenscheibe auflegen und mit Ziegenfrischkäse bestreichen.

Das Sandwich mit gerolltem Räucherschinken belegen und wahlweise mit Kürbiskernen und Basilikum oder Koriander bestreuen.

TIPP: Für eine Expressmahlzeit die Aubergine am Vortag garen. Verwandele diese Vorspeise in ein leichtes Abendessen, indem du sie mit Tomaten und Rucola sowie Dinkelvollkornkräckern anrichtest.

Gut zu wissen

Auberginen sind kalorienarm und enthalten mehrere Antioxidantien sowie Kalium. Ihre löslichen Ballaststoffe regen die Verdauung an und sie senken den Cholesterinspiegel. Auberginen sind zudem ein natürliches Diuretikum und wirken entgiftend auf den Organismus. Sie verlangsamen die Verdauung von Kohlenhydraten und dämpfen den Blutzuckeranstieg nach dem Essen.

#schnell
#glutenfrei

Healthy Carbonara

MIT ZUCCHINI

Zubereitungszeit: 10 Minuten • Kochzeit: 5 Minuten • Für 2 Personen

- 600 g Zucchini
- ¼ Knoblauchzehe
- 3 EL Olivenöl
- Salz
- frisch gemahlener schwarzer Pfeffer
- gehobelter Parmesan
- 3–4 dünne Scheiben Bacon (oder gekochter Speck oder Schinkenwürfel)
- 2 Eigelb
- Walnusskerne, frischer Koriander (wahlweise)

Zucchini mit einem entsprechenden Schneider in Nudeln schneiden oder mit einem Sparschäler dünne Tagliatelle hobeln.

Zucchininudeln in einer Pfanne mit gehacktem Knoblauch und Öl 5–7 Minuten anbraten. Mit Salz und Pfeffer abschmecken.

Zucchininudeln auf Tellern anrichten. Parmesan und gewürfelten Bacon zugeben und je 1 rohes Eigelb in die Mitte geben. Wahlweise mit Wahlnusskernen und Koriander garnieren.

#schnell
#glutenfrei

Tipp

Als Kindervariante Zucchininudeln mit Vollkornnudeln vermischen. So wird ihnen das Gemüse gar nicht erst auffallen …

Hühnchen nach mexikanischer Art

UND GEBRATENE SÜSSKARTOFFELN

Zubereitungszeit: 15 Minuten • Kochzeit: 30 Minuten • Für 4 Personen

- 2 Süßkartoffeln
- Olivenöl
- Salz
- frisch gemahlener schwarzer Pfeffer
- 1 gelbe Paprikaschote
- 1 Zwiebel
- mexikanische Gewürzmischung
- 3 Hühnerschnitzel
- Cheddar (oder Reibekäse)
- 2 Tomaten
- 2 Becher griechischer Schafjoghurt
- frischer Koriander

#glutenfrei

Süßkartoffeln längs halbieren. Bei 210 °C für 30 Minuten ungeschält mit wenig Öl, Salz und Pfeffer im Ofen backen.

In der Zwischenzeit Paprika waschen, von Strunk und Kernen befreien und in Stücke schneiden. Zwiebel abziehen und in Würfel schneiden. Paprika und Zwiebel in einer Pfanne mit Öl 5 Minuten anbraten. Mexikanische Gewürzmischung und klein geschnittenes Hühnchen zugeben und weiterbraten, bis das Fleisch gar ist. Mit geriebenem Cheddar bestreuen und diesen schmelzen lassen.

Auf jedem Teller 1 Süßkartoffelhälfte mit Hühnchenbeilage anrichten. Mit Tomatenstücken, 2 EL Joghurt und frischem Koriander garnieren.

Tipp

Statt Hühnchen kannst du auch Rinderhackfleisch anbraten.

Würzige Rinderhackbällchen

MIT MINZE

#schnell

Zubereitungszeit: 10 Minuten • Kochzeit: 15 Minuten • Für 4 Personen

- 350 g Rinderhackfleisch (5 % Fett)
- 1 ½ EL Olivenöl + etwas mehr zum Anbraten
- 25 g Haferkleie
- 1 große Knoblauchzehe
- TL Kreuzkümmel
- 1 TL gemahlener Koriander
- 1 Ei
- Salz
- frisch gemahlener schwarzer Pfeffer
- 20 frische Minzblätter

FÜR DIE GEBRATENE PAPRIKA

- 4 Paprikaschoten
- Olivenöl

Hackfleisch mit etwas Öl, Haferkleie, gehacktem Knoblauch, Gewürzen und zuletzt 1 verquirlten Ei in einer Schüssel vermengen. Mit einer Gabel gut durchmischen. Mit Salz und Pfeffer würzen. Minze fein schneiden und untermischen.

Bällchen mit der Hand Formen und in einer Pfanne mit Öl anbraten.

Paprika waschen, halbieren, entkernen, in Streifen schneiden und in einer zweiten Pfanne mit Öl bei mittlerer Hitze 10 Minuten schmoren, bis sie weich sind.

Hackbällchen mit Paprika servieren.

Tipp

Dieses Gericht passt auch gut zu Vollkorn-Couscous: Wasser aufkochen und den Couscous zugeben. 10 Minuten zugedeckt ziehen lassen. Mit Olivenöl beträufeln und durchmischen. Mit gerösteten Sesamsamen bestreuen und mit Tomatensauce servieren.

Kantonesische Wokpfanne

MIT AUSTERNPILZEN UND TOFU

Zubereitungszeit: 20 Minuten • Kochzeit: 25 Minuten • Für 4 Personen

- 140 g Basmatireis (oder 500 g Konjakreis, erhältlich im Asialaden)
- 100 g Erbsen
- 1 Zwiebel
- 250 g Austernpilze
- 3 EL Olivenöl
- 3 EL Sojasauce
- 3 Eier
- 150–200 g Tofu
- 70 g Schinkenstreifen (wahlweise)
- 1 ½ EL Sesamöl
- frisch gemahlener schwarzer Pfeffer
- frischer Koriander

Reis und Erbsen separat in Wasser kochen.

Zwiebel abziehen und klein schneiden. Zusammen mit den Pilzen in einer Pfanne mit 2 EL Olivenöl und 1 EL Sojasauce goldbraun braten. Die Mischung beiseitestellen.

Eier in einer Schüssel mit einer Gabel aufschlagen und in die Pfanne geben. Als Rührei kochen und dann in Streifen schneiden. Wieder in die Pfanne geben und mit den Pilzen vermischen.

Reis, Erbsen, gewürfelten Tofu und wahlweise Schinkenstreifen zugeben. Das restliche Olivenöl, die restliche Sojasauce und Sesamöl in die Pfanne geben.

Mit Pfeffer würzen, gut durchmischen und bei mittlerer Hitze 5 Minuten aufwärmen. Mit Koriander servieren.

TIPP: Die Menge an Austernpilzen, Reis und Erbsen kannst du nach deinem eigenen Geschmack variieren. Statt Tofu kannst du auch Hühnchen verwenden.

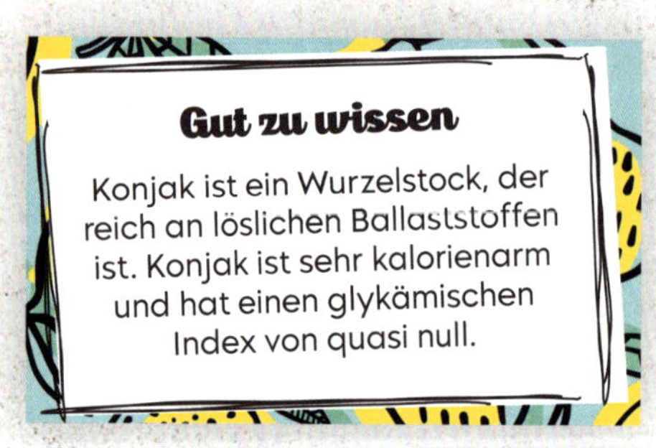

Gut zu wissen

Konjak ist ein Wurzelstock, der reich an löslichen Ballaststoffen ist. Konjak ist sehr kalorienarm und hat einen glykämischen Index von quasi null.

Brokkoli-Flan

MIT MARINIERTER PUTE

Zubereitungszeit: 20 Minuten • Koch-/Backzeit: 40 Minuten • Ruhezeit: 1 Stunde • Für 4 Personen

FÜR DEN FLAN

- 600 g Brokkoli
- 2 Eier
- 50 ml pflanzliche Sahne (Cashew, Soja oder Hafer)
- 60 g Ziegenfrischkäse (z. B. Chavroux, erhältlich im Feinkostgeschäft)
- ½ TL mexikanische Gewürzmischung
- ½ TL Kreuzkümmel
- ½ TL Kurkuma
- Salz
- frisch gemahlener schwarzer Pfeffer

FÜR DIE MARINIERTE PUTE

- 3 Putenschnitzel
- 1 EL Olivenöl
- Currypulver
- Kreuzkümmel
- 1 Knoblauchzehe
- Koriander (wahlweise)

FÜR DIE EXPRESSSAUCE

- 100 g Tomatensauce
- 25 g fettreduzierte Kokoscreme
- Kreuzkümmel

Für die marinierte Pute die Schnitzel in Stücke schneiden. Mit Öl beträufeln, mit Curry und Kreuzkümmel bestäuben und mit gehacktem Knoblauch bestreuen. Für 1 Stunde im Kühlschrank ziehen lassen.

Brokkoliröschen 20 Minuten in Wasser kochen.

In der Zwischenzeit Fleisch auf dem Grill oder im Ofen grillen. Wahlweise mit Koriander bestreuen.

Für die Flans Eier aufschlagen und mit pflanzlicher Sahne, Ziegenfrischkäse und zuletzt Gewürzen vermischen. Mit Salz und Pfeffer würzen.

Brokkoli mit einer Gabel grob zerdrücken und unterheben. In 7 oder 8 Formen gießen und bei 180 °C 20 Minuten im Ofen backen.

Für die Expresssauce alle Zutaten miteinander vermengen. In der Mikrowelle aufwärmen und mit dem Fleisch servieren.

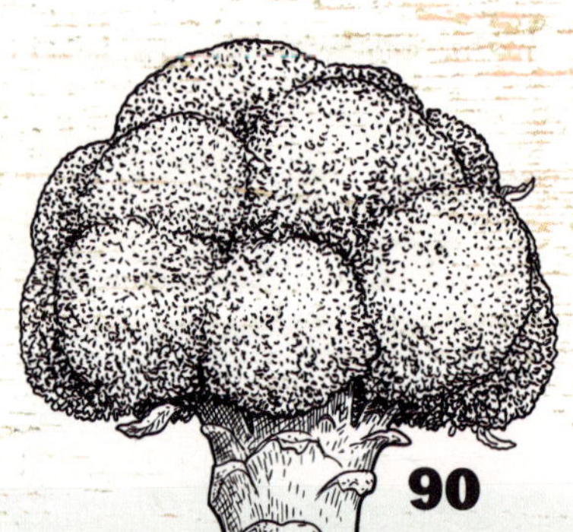

#glutenfrei

Healthy Hähnchennuggets

MIT GRÜNEN BOHNEN

Zubereitungszeit: 15 Minuten • Kochzeit: 5 Minuten • Für 4–5 Personen

- 20 g Buchweizenmehl
- 30 g Haferkleie
- Kurkuma
- Currypulver
- geröstete Sesamsamen
- Salz
- frisch gemahlener schwarzer Pfeffer
- 2 Eier
- 80 g Haferflocken
- 3 große Hähnchenschnitzel
- Olivenöl
- 700 g grüne Bohnen

Mehl, Haferkleie, Gewürze, Sesamsamen, Salz und Pfeffer in eine Schüssel geben. Eier in einer zweiten Schüssel aufschlagen. Haferflocken in eine dritte Schüssel geben.

Hähnchenschnitzel in Stücke schneiden. Stücke nacheinander in der ersten Schüssel wälzen, in die zweite Schüssel tunken, abtropfen, und in der dritten Schüssel wälzen.

Die Hähnchennuggets in einer Pfanne mit Öl beidseitig anbraten.

Grüne Bohnen in Wasser kochen und dann in der Pfanne mit ein wenig Öl, Salz und Pfeffer anbraten. Die Bohnen zu den Hähnchennuggets servieren.

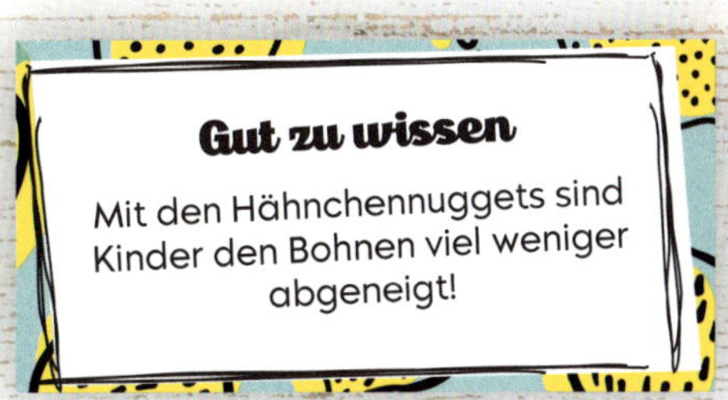

Gut zu wissen

Mit den Hähnchennuggets sind Kinder den Bohnen viel weniger abgeneigt!

#glutenfrei

Hähnchen-Tajine
MIT OLIVEN

Zubereitungszeit: 15 Minuten • Kochzeit: 35 Minuten • Für 6 Personen

- 2 Zwiebeln
- 1 Knoblauchzehe
- 2 Zucchini
- 1 Aubergine
- 6 EL Olivenöl
- ½ Würfel Hühnerbrühe
- 400 g stückige Tomaten in Tomatensaft aus der Dose
- 2 TL Zimt
- 2 TL Kreuzkümmel
- 1 TL geriebener Ingwer
- 4 Hähnchenschnitzel
- 150 g entkernte grüne Oliven

Zwiebeln und Knoblauch abziehen, Zucchini und Aubergine waschen. Alles klein schneiden und in einer Pfanne mit 4 EL Öl und 2 EL Wasser zugedeckt 10 Minuten kochen.

Brühe in 250 ml Wasser auflösen und mit Tomaten, restlichem Öl und Gewürzen in die Pfanne geben. 10 Minuten zugedeckt köcheln lassen.

Hähnchen klein schneiden und zugeben. Bei mittlerer Hitze 10 Minuten köcheln lassen. Oliven dazugeben und weitere 5 Minuten auf dem Herd lassen.

Tipp

Das Gericht allein oder mit getreidehaltigen Nahrungsmitteln mit niedrigem glykämischem Index servieren (Dinkel, Vollkornreis, Vollkorn-Couscous, Quinoa …).

Französische Tartiflette

MIT LAUCH UND QUINOA

Zubereitungszeit: 20 Minuten • Koch-/Backzeit: 35 Minuten • Für 3–4 Personen

- 400 g Lauch
- Olivenöl (oder Butter)
- 200 ml pflanzliche Sahne (Cashew, Hafer oder Soja)
- 1 ½ Zwiebeln
- 100 g Speckstreifen
- 2 EL Weißwein
- 220 g gekochte Quinoa
- 130 g Reblochon (französischer Kuhmilchkäse aus Savoyen, erhältlich im Feinkostgeschäft)

Lauch in Ringe schneiden und in einer Pfanne mit Öl oder Butter 15 Minuten dünsten. Vom Herd nehmen und 100 ml pflanzliche Sahne zugeben.

Zwiebel abziehen und klein schneiden und mit Speck in einer zweiten Pfanne mit Öl anbraten. Wenn die Zwiebeln anfangen zu bräunen, sofort mit Weißwein ablöschen und diesen verdampfen lassen. Vom Herd nehmen und die restliche Sahne zugeben.

Nacheinander gekochte Quinoa, Speckpfanne und Lauch in eine Form geben. Mit Reblochonscheiben bedecken und bei 190 °C 15 Minuten im Ofen backen.

Blumenkohlgratin
MIT FOURME D'AMBERT

Zubereitungszeit: 10–15 Minuten • Koch-/Backzeit: 25 Minuten • Für 4 Personen

- 1 Zwiebel
- Olivenöl
- 60 g Gerstenmehl oder Weizenmehl Type 1600
- 3 Eier
- 400 ml Pflanzendrink (Cashew, Hafer oder anderer Drink nach Wahl)
- Salz
- frisch gemahlener schwarzer Pfeffer
- 500 g gekochter Blumenkohl
- 120 g Bacon, in Streifen geschnitten
- 120 g Fourme d'Ambert (französischer Edelschimmelkäse, erhältlich im Feinkostgeschäft)

Zwiebel abziehen, in Würfel schneiden und in einer Pfanne mit Öl anbraten.

Mehl mit 1 Ei in eine Schüssel geben. Vorsichtig vermengen, damit keine Klumpen entstehen. Die restlichen Eier dazugeben. Pflanzendrink langsam eingießen und verrühren. Mit Salz und Pfeffer würzen.

Gekochten Blumenkohl, Bacon, Zwiebel und Käsestücke in eine Auflaufform geben. Mit der vorbereiteten Mischung übergießen und bei 200 °C 20 Minuten im Ofen backen.

Gut zu wissen

Blumenkohl hat einen sehr niedrigen glykämischen Index und eignet sich sehr gut als Ersatz für Kartoffeln.

Pizza
NACH ITALIENISCHER ART

Zubereitungszeit: 10 Minuten • Koch-/Backzeit: 15 Minuten • Für 4 Personen

- 1 Pizzateig (siehe Rezept auf Seite 117)
- 1 Dose Tomatensauce (ca. 300 g)
- 4 Scheiben luftgetrockneter Serranoschinken
- 1 große Kugel Burrata
- 2 EL Pesto
- Pinienkerne
- 1 Handvoll Rucola

Pizzateig vorbereiten und ausrollen. Den Teig mit Tomatensauce bestreichen. Bei 210 °C 15 Minuten im Ofen backen.

Pizzaboden aus dem Ofen nehmen und mit Schinken und Burrata-Stücken belegen sowie mit Pestosauce beträufeln. Mit Pinienkernen bestreuen und zum Schluss Rucola auf der Pizza verteilen.

Zucchini-Quiche mit Ziegenkäse und Bacon

Zubereitungszeit: 25 Minuten
Koch-/Backzeit: 40–45 Minuten
Für 6 Personen

1 Mürbeteig (siehe Rezept auf Seite 116) • 3 kleine Zucchini • 1 EL Olivenöl • 4 Eier • 200 ml pflanzliche Sahne (Hafer, Cashew oder Soja) • Salz • frisch gemahlener schwarzer Pfeffer • Thymian • 75 g Streifen Bacon • 1 Rolle Ziegenweichkäse

Mürbeteig auf Backpapier ausrollen und in eine Tarteform (Durchmesser: 30 cm) legen. Den Teig bei 200 °C 10 Minuten im Ofen blindbacken.

Zucchini in Scheiben schneiden und in einer Pfanne mit Öl 10–15 Minuten dünsten.

Eier mit pflanzlicher Sahne in einer Schüssel aufschlagen. Mit Salz und Pfeffer würzen und Thymian hinzugeben.

Zucchini, Bacon und Eiermischung nacheinander auf den Teig geben. Ziegenkäse in Scheiben schneiden und die Quiche damit belegen. Bei 180 °C 20 Minuten im Ofen backen.

Lachs-Spinat-Quiche

Zubereitungszeit: 20 Minuten
Koch-/Backzeit: 30–35 Minuten
Für 6 Personen

1 Mürbeteig (siehe Rezept auf Seite 116) • 320 g frischer Lachs • 1 Schalotte • etwas Olivenöl • 350 g gehackter Tiefkühl-Spinat • 3 Eier • 200 ml pflanzliche Sahne (Hafer, Soja oder Cashew) • 120 g Fromage Blanc (französischer Frischkäse, erhältlich im Feinkostgeschäft) • 70 g Reibekäse • Salz • frisch gemahlener schwarzer Pfeffer

Mürbeteig auf Backpapier ausrollen und in eine Tarteform (Durchmesser: 30 cm) legen. Den Teig bei 200 °C 10 Minuten im Ofen blindbacken.

In der Zwischenzeit Lachs mit geschnittenen Schalotten 3 Minuten in einer Pfanne mit etwas Olivenöl vorgaren. Spinat auftauen.

Eier mit Sahne und Fromage Blanc in einer Schüssel aufschlagen. Spinat und Reibekäse zugeben. Mit Salz und Pfeffer würzen.

Lachsstücke auf den Teig geben und mit der Eiermischung übergießen. Bei 200 °C 20–25 Minuten im Ofen backen.

Tipp

Den Spinat kannst du auch durch 2 ½ Lauchstangen (weißer Teil) ersetzen. Dafür das Gemüse in einer Pfanne mit Öl dünsten, bis es weich ist.

Ceviche vom Seehecht

UND SÜSSKARTOFFEL-POMMES

Zubereitungszeit: 20 Minuten • Koch-/Backzeit: 25 Minuten • Ruhezeit: 30 Minuten • Für 2 Personen

- 2 Seehechtfilets (oder anderer Weißfisch)
- 1 kleine Süßkartoffel
- Olivenöl
- Salz
- frisch gemahlener schwarzer Pfeffer

FÜR DIE MARINADE

- 1 Zitrone
- 100 ml flüssige Kokosmilch
- 1 EL Olivenöl
- 1 TL Ingwer
- Salz
- frisch gemahlener schwarzer Pfeffer
- 1 Tomate
- ½ Salatgurke
- frischer Koriander

Für die Marinade Saft und Abrieb der Zitrone mit Kokosmilch und Olivenöl mischen. Ingwer zugeben. Mit Salz und Pfeffer würzen.

Tomate und Gurke zerkleinern, Koriander fein schneiden und in die Marinade geben.

Fisch fast vollständig auftauen und in Stücke schneiden. In die Marinade legen und 30 Minuten im Kühlschrank ziehen lassen.

Süßkartoffel schälen und in Stifte schneiden. Die Süßkartoffel-Pommes auf ein Backblech mit Antihaft-Backmatte legen und mit ein wenig Öl beträufeln. Mit Salz und Pfeffer würzen. Bei 190 °C 25 Minuten im Ofen backen.

Pommes zum marinierten Fisch servieren.

#glutenfrei

Tipp

Für dieses Rezept unbedingt einen tiefgefrorenen Fisch verwenden, weil dann potenzielle Parasiten abgetötet wurden. Wenn du Chili magst, kannst du auch davon etwas in die Marinade geben.

Chirashi mit Lachs
UND LINSEN

Zubereitungszeit: 15 Minuten • Ruhezeit: 30 Minuten • Für 4 Personen

#glutenfrei

- 3 EL salzige Sojasauce
- 1 EL Olivenöl
- 2 EL Zitronensaft
- 1 TL Agavendicksaft (oder Akazienhonig)
- frisch gemahlener schwarzer Pfeffer
- 4 tiefgefrorene Lachsfilets

FÜR DIE BEILAGE
- 500 g gekochte grüne Linsen (am Vortag vorbereiten)
- 3–4 Schalotten
- Vinaigrette
- Avocado
- Cherrytomaten
- geröstete Sesamsamen

Sojasauce, Öl, Zitronensaft, Agavendicksaft und Pfeffer vermengen.

Lachs halb auftauen (einfacher zu schneiden) und in große Würfel zerteilen. Mit der Marinade vermischen und 30 Minuten im Kühlschrank ziehen lassen.

Für die Beilage Linsen mit gehackten Schalotten mischen und mit einer Vinaigrette würzen.

Lachswürfel, Linsen, ein bisschen Avocado und ein paar Cherrytomaten in einer Schüssel anrichten. Lachs großzügig mit Sesam bestreuen.

Gut zu wissen

Für dieses Rezept unbedingt einen tiefgefrorenen Fisch verwenden, weil dann potenzielle Parasiten abgetötet wurden. Statt Linsen kannst du auch Basmatireis zubereiten, doch dann ist der glykämische Index ein wenig höher.

#gluténfrei

Kabeljau

MIT MANGO, KIDNEYBOHNEN UND KOKOSCREME

Zubereitungszeit: 10 Minuten • Kochzeit: 15 Minuten • Für 4 Personen

- 2 Schalotten
- 1 ½ Knoblauchzehen
- 1 EL Olivenöl
- 200 ml Kokoscreme
- 400 g stückige Tomaten in Tomatensaft aus der Dose
- 2 TL Kurkuma
- 2 TL Ingwer
- 1 TL gemahlener Koriander
- 1 TL Currypulver
- Salz
- frisch gemahlener schwarzer Pfeffer
- 4 Kabeljaufilets
- 300 g Kidneybohnen aus der Dose
- ½ Mango
- 2 EL Kokoschips
- frischer Koriander

Schalotten und Knoblauch zerkleinern und mit Öl in einer Schmorpfanne dünsten.

Kokoscreme, Tomaten, Gewürze, Salz und Pfeffer dazugeben und vermengen. 2 Minuten köcheln lassen.

Fischstücke zugeben und bei mittlerer Hitze 5 Minuten erhitzen. Kidneybohnen und Mangostücke hinzufügen und noch mal 2 Minuten kochen.

Auf Tellern anrichten und mit Kokoschips und Koriander garnieren.

Tipp

Für den großen Hunger die Menge an Kidneybohnen im Rezept erhöhen.

Gefüllte Paprika
MIT QUINOA UND RÄUCHERLACHS

Zubereitungszeit: 15 Minuten • Koch-/Backzeit: 40 Minuten • Für 3 Personen

- 3 rote Paprikaschoten
- 1 EL Olivenöl
- Salz
- frisch gemahlener schwarzer Pfeffer
- 1 Ei
- 200 g griechischer Schafjoghurt (oder Fromage Blanc, französischer Frischkäse, erhältlich im Feinkostgeschäft)
- 110 g gekochte Quinoa
- 30 g Pesto (mit 30 % Basilikum)
- 1 TL Kreuzkümmel
- 100 g Räucherlachs

Paprikaschoten waschen, am oberen Ende aufschneiden und entkernen. Auf ein Backblech mit Antihaft-Backmatte legen und mit Öl beträufeln. Mit Salz und Pfeffer würzen. Bei 200 °C 20 Minuten im Ofen backen.

In der Zwischenzeit das Ei aufschlagen und mit Joghurt, Quinoa, Pesto, Kreuzkümmel und Pfeffer gut vermengen. Räucherlachs in Streifen schneiden und dazugeben.

Paprikaschoten mit der Füllung füllen und bei 200 °C 20 Minuten im Ofen weitergaren.

Tipp

Statt Paprika kannst du auch runde Zucchini oder Tomaten mit dieser Füllung zubereiten.

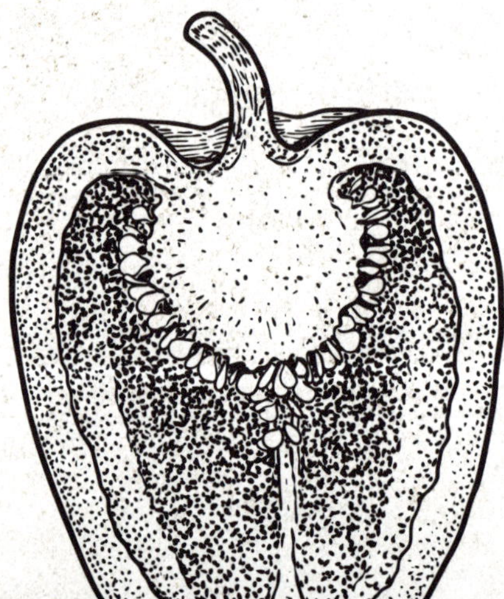

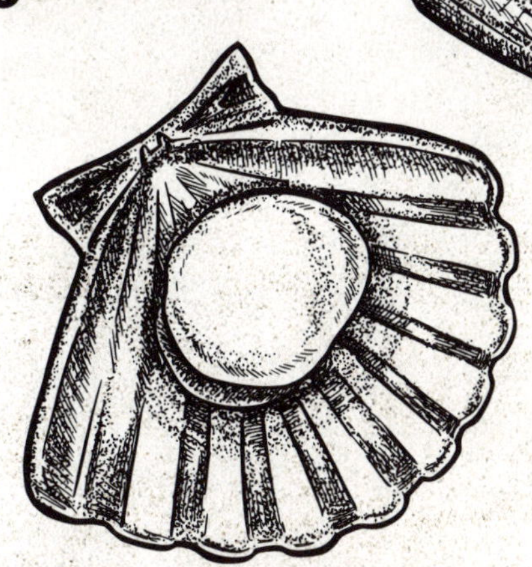

Jakobsmuscheln

MIT ROTEN LINSEN UND SPARGEL

Zubereitungszeit: 15 Minuten • Kochzeit: 15 Minuten • Für 4 Personen

- 200 g rote Linsen
- 12 Spargelstangen
- 200 ml fettreduzierte Kokoscreme
- 5 EL geriebener Parmesan + ein wenig gehobelt
- Salz
- frisch gemahlener schwarzer Pfeffer
- 16 Jakobsmuscheln
- 1 Knoblauchzehe
- 1 EL Olivenöl
- 2 Scheiben Rohschinken

Linsen und geschälte Spargel separat in Wasser, die Linsen für 12 Minuten, den Spargel für 15 Minuten.

Linsen mit 100 ml Kokoscreme und geriebenem Parmesan vermengen. Mit Salz und Pfeffer abschmecken.

Jakobsmuscheln mit gehacktem Knoblauch und Öl in einer Pfanne beidseitig für ca. 1 Minute anbraten. Am Ende der Kochzeit 100 ml Kokoscreme hinzufügen und für ein paar Sekunden erhitzen.

Teller mit Linsen sowie je 3 Spargelstangen, 4 Jakobsmuscheln, 1 geschnittenen halben Scheibe Schinken, Pfeffer und gehobeltem Parmesan anrichten.

Tipp

Die Linsen nicht zu lange kochen, weil sie sonst zu Brei werden. Beachte, dass die Jakobsmuscheln nur sehr kurz gekocht werden. Sie sollten im Inneren noch glasig sein.

Süßkartoffelcurry
MIT ZUCCHINI UND GARNELEN

Zubereitungszeit: 25 Minuten • Kochzeit: 20 Minuten • Für 4 Personen

- 1 Süßkartoffel
- 1 Zucchini
- 6 Champignons
- 2 Knoblauchzehen
- 2 EL Olivenöl
- 400 g stückige Tomaten in Tomatensaft aus der Dose
- 200 ml fettreduzierte Kokoscreme
- 2 TL Kreuzkümmel
- 2 TL Currypulver
- 1 TL Kurkuma
- Salz
- frisch gemahlener schwarzer Pfeffer
- 16 große Garnelen
- 1 Handvoll ungesalzene geröstete Erdnüsse
- frischer Koriander

Geschälte Süßkartoffel und Zucchini in Würfel schneiden. 10 Minuten in Wasser kochen.

Champignons und 1 gehackte Knoblauchzehe mit 1 EL Olivenöl in einem großen Topf für 1 Minute dünsten. Tomaten, Kokoscreme und schließlich Gewürze zugeben. Gut mit Salz und Pfeffer würzen. Durchmischen und 2 Minuten köcheln.

Abgetropftes Gemüse zugeben und 3 Minuten köcheln. Bei Bedarf mit Curry nachwürzen.

Garnelen schälen und in einer Pfanne mit 1 gehackten Knoblauchzehe und 1 EL Öl für ein paar Minuten anbraten.

Curry auf Tellern anrichten, mit grob zerkleinerten Erdnüssen und Koriander garnieren, dann die Garnelen auf dem Curry platzieren.

#glutenfrei

#schnell
#glutenfrei

Fischcurry
MIT ERBSEN

Zubereitungszeit: 10 Minuten
Kochzeit: 20 Minuten • Für 4–5 Personen

- 1 Zwiebel
- 1 Knoblauchzehe
- 80 g Paprikaschoten
- 2 EL Olivenöl
- 2 TL Currypulver
- 1 TL gemahlener Ingwer
- 2 Weißfischfilets
- 2 Lachsfilets
- 200 ml fettreduzierte Kokoscreme
- Zitronensaft
- 100 g gekochte Erbsen
- Salz
- frisch gemahlener schwarzer Pfeffer

Zwiebel und Knoblauch abziehen und klein schneiden, Paprika waschen, entkernen und in Streifen schneiden. Die so vorbereiteten Zutaten mit Öl für 10 Minuten in einer Pfanne anbraten, bis das Gemüse weich ist. Gewürze zugeben.

Fisch in kleine Stücke schneiden, in die Pfanne geben und 3 Minuten kochen. Kokoscreme hinzufügen und bei niedriger Hitze 2 Minuten erhitzen.

Zitronensaft und Erbsen dazugeben. Mit Salz und Pfeffer würzen. Bei niedriger Hitze 5 Minuten köcheln.

Tipp

Das Gericht allein oder mit Quinoa, Vollkornreis, Wildreis oder Basmatireis servieren. Statt Erbsen kannst du auch Spinat verwenden.

Süßkartoffel-Pattys

IM VEGETARISCHEN BURGER

Zubereitungszeit: 20 Minuten • **Koch-/Backzeit: 45 Minuten** • **Für 4 Personen**

- 1 große Aubergine
- 2 TL Olivenöl
- Salz
- frisch gemahlener schwarzer Pfeffer
- 2 Tomaten
- Feld- oder Blattsalat

FÜR DIE PATTYS

- 300 g Süßkartoffeln
- 150 g griechischer Schafjoghurt
- 40 g Haferkleie
- 20 g Lupinenmehl (oder Kichererbsenmehl)
- 4 EL Parmesan
- 2 TL Kreuzkümmel
- 2 Eier
- 1 Zucchini

Aubergine in dicke Scheiben schneiden und auf ein Backblech mit Antihaft-Backmatte legen. Jede Scheibe mit Öl bepinseln. Mit Salz und Pfeffer würzen. Bei 200 °C 20–25 Minuten im Ofen garen.

Für die Pattys Süßkartoffel klein schneiden und 10 Minuten in Wasser kochen, bis die Stücke weich sind.

Süßkartoffel mit einer Gabel zu Brei zerdrücken. Joghurt, Haferkleie, Mehl, Parmesan und Kreuzkümmel zugeben und gut vermischen. Eier hinzufügen und alles gut verrühren.

Zucchini fein raspeln und mit der Hand die Feuchtigkeit auspressen. In die Masse unterheben.

Kleine Haufen auf einem Backblech mit Antihaft-Backmatte bilden. Bei 190 °C 15 Minuten im Ofen backen.

Für die Burger jede Auberginenscheibe mit je 1 Patty, 1 Tomatenscheibe und 1 Salatblatt belegen. Den Vorgang noch mal wiederholen und den Burger mit einer Auberginenscheibe schließen.

Zucchinibratlinge

MIT RÄUCHERLACHS UND AVOCADOCREME

Zubereitungszeit: 15 Minuten • Koch-/Bratzeit: 5 Minuten • Für 7 Personen

FÜR 7 BRATLINGE
- 40 g Haferflocken
- 40 g Haferkleie
- Salz
- frisch gemahlener schwarzer Pfeffer
- 2 Eier
- 100 ml Pflanzendrink (Cashew, Hafer oder Soja)
- ½ Knoblauchzehe
- 1 Zucchini (ca. 200 g)
- Olivenöl

FÜR DIE BEILAGE (PRO BRATLING)
- ½ Avocado
- Zitronensaft
- Kreuzkümmel
- Salz
- frisch gemahlener schwarzer Pfeffer
- 1 Scheibe Räucherlachs
- gekeimte Alfalfasprossen, Kürbiskerne, Basilikum

#schnell

Haferflocken und Haferkleie vermischen und mit Salz und Pfeffer würzen. Eier, dann Pflanzendrink und gehackten Knoblauch untermischen.

Zucchini fein raspeln und mit der Hand die Feuchtigkeit auspressen. In die Masse unterheben.

Den Teig in Form von Puffern in eine Pfanne mit Öl legen und beidseitig goldbraun braten. Bratlinge erst wenden, wenn sie gar sind.

Für die Avocadocreme Avocado mit einer Gabel zerdrücken. Ein wenig Zitronensaft sowie Kreuzkümmel, Salz und Pfeffer untermischen.

Jeden Bratling mit Räucherlachs, dann Avocadocreme und gekeimten Sprossen belegen. Mit Kürbiskernen und Basilikum garnieren.

Gut zu wissen

Am besten wartest du, bis die Bratlinge erkaltet sind, weil dann ihr glykämischer Index sinkt. Die Haferkleie senkt den GI des gesamten Gerichts.

#vegan

Auberginensteaks

Zubereitungszeit: 15 Minuten

Koch-/Backzeit: 27 Minuten • Für 4 Personen

- 1 Zwiebel
- ½ Knoblauchzehe
- 3 EL Olivenöl
- 1 große Aubergine
- 45 ml Pflanzendrink (Hafer oder anderer Drink nach Wahl)
- 35 g Haferkleie
- 20 g Backmalz (alternativ Haferkleie)
- Salz
- frisch gemahlener schwarzer Pfeffer

Zwiebel und Knoblauch abziehen, klein schneiden und mit 1 EL Öl in einer Pfanne bei mittlerer Hitze 2 Minuten anbraten.

Aubergine schälen und in kleine Würfel schneiden. In die Pfanne geben und mit 2 EL Öl zugedeckt 10 Minuten kochen, dabei immer wieder umrühren.

In der Zwischenzeit den Pflanzendrink mit Haferkleie und Backmalz vermengen. Mit Salz und Pfeffer würzen. Wenn die Aubergine gar ist, die Stücke in die Masse unterheben.

4 Haufen als Steaks auf einem perforierten Backblech mit Antihaft-Backmatte bilden. Bei 210 °C 15 Minuten im Ofen backen.

Tipp

Zu diesen Steaks passt gut eine weiße Sauce (Joghurt, Senf und Schnittlauch).

Pilzbratlinge

Zubereitungszeit: 10 Minuten
Koch-/Bratzeit: 10 Minuten
Ergibt 8 Bratlinge

250 g Champignons • ½ Zwiebel • 1 Schalotte • Olivenöl zum Braten • 2 Eier • 40 g Buchweizenmehl • 1 TL Kreuzkümmel • Ziegenfrischkäse • gekeimte Sprossen (wahlweise)

Champignons fein hacken. Zwiebel und Schalotte abziehen, klein schneiden und mit Öl in einer Pfanne 3 Minuten anbraten. Champignons zugeben und 2 Minuten weiterbraten.

Eier in einer Schüssel aufschlagen. Mehl und Kreuzkümmel zugeben und vermengen. Champignons unterheben.

1 gehäuften EL der Masse in eine Pfanne mit Öl geben. Bei mittlerer Hitze beidseitig anbraten. Wiederholen, bis kein Teig mehr übrig ist.

Die Bratlinge mit ein wenig Ziegenfrischkäse bestreichen und wahlweise mit gekeimten Sprossen garnieren. Zu Salat oder Gemüse servieren.

Blumenkohlbratlinge

Zubereitungszeit: 5 Minuten
Koch-/Bratzeit: 8 Minuten
Ergibt 6 Bratlinge

300 g gekochter Blumenkohl • 50 g Kichererbsenmehl • 30 g Haferkleie (oder Kichererbsenmehl **für eine glutenfreie Version)** • 1 Ei • 65 g Reblochon (oder anderer Käse) • Olivenöl zum Braten

Alle Zutaten außer dem Käse in einem Standmixer pürieren. Reblochon klein schneiden und unterheben.

1 gehäuften EL der Masse in eine Pfanne mit Öl geben und einen Bratling formen. Bei mittlerer Hitze 5–8 Minuten anbraten, dann vorsichtig mit einem großen Pfannenwender wenden und die Rückseite braten. Wiederholen, bis kein Teig mehr übrig ist.

Lass dir die Bratlinge mit einem Salat, Schinken oder einer Beilage deiner Wahl schmecken!

Kürbiswaffeln

Zubereitungszeit: 10 Minuten
Backzeit: 5 Minuten pro Waffel
Ergibt 7–8 Waffeln

50 g Weizenmehl Type 1600 • 50 g Gerstenmehl • ½ Päckchen Backpulver • 2 Eier • 60 ml Pflanzendrink (Cashew, Hafer oder anderer Drink nach Wahl) • 50 g Ziegenfrischkäse (oder neutraler Frischkäse) • 40 g Margarine (oder Butter) • Salz • frisch gemahlener schwarzer Pfeffer • 300 g Kürbispüree pur (erhältlich im Feinkostgeschäft) • etwas Fett für das Waffeleisen)

Mehl mit Backpulver vermischen und mittig eine Kuhle bilden. Eier in die Kuhle aufschlagen und vorsichtig einrühren. Pflanzendrink, Käse und dann geschmolzene Margarine zugeben, dabei jedes Mal gut vermischen. Mit Salz und Pfeffer würzen.

Kürbispüree in die Masse mischen.

Waffeln jeweils 5 Minuten im gefetteten Waffeleisen backen.

TIPP: Die Waffeln kannst du pur genießen. Für eine herzhafte Variante mit einem Spiegelei, Salat und/oder Avocado servieren. Für eine süße Variante mit Zartbitterschokotropfen oder Obst servieren. Den Teig kannst du auch als Pfannkuchen ausbacken.

Herzhafte Crêpes

Zubereitungszeit: 5 Minuten
Backzeit: 5 Minuten • Ergibt 7–8 Crêpes

300 g Buchweizenmehl • 3 Eier • 300 ml Pflanzendrink (Hafer, Cashew oder Soja) • 300 ml Wasser • Salz • frisch gemahlener schwarzer Pfeffer • Olivenöl zum Braten

Mehl in eine Schüssel geben und mittig eine Kuhle formen. Eier in die Kuhle aufschlagen und vorsichtig in der Mitte einrühren. 100 ml Pflanzendrink dazugeben und vermengen.

Den restlichen Pflanzendrink und Wasser langsam einrühren, bis ein flüssiger Teig entsteht. Mit Salz und Pfeffer würzen.

Crêpes in einer Pfanne mit Öl ausbacken und mit Zutaten deiner Wahl belegen: Schinken, Käse, Gemüse, Ei …

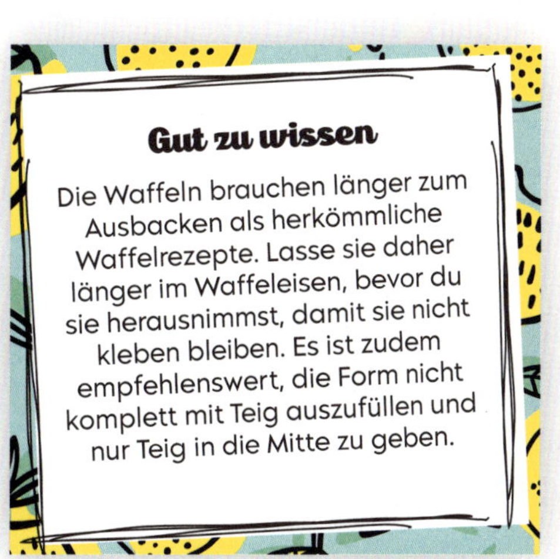

Thunfischkuchen

MIT OLIVEN UND PESTO

Zubereitungszeit: 10 Minuten • Backzeit: 30 Minuten • Für 8 Personen

- 80 g Weizenmehl Type 1600
- 50 g Linsenmehl (alternativ Kichererbsenmehl)
- 1 Päckchen Backpulver (11 g)
- 3 Eier
- 5 EL Olivenöl
- 40 g Pesto mit 30 % Basilikum
- 130 ml Pflanzendrink (Dinkel, Cashew oder Hafer)
- 60 g geriebener Emmentaler
- 100 g Thunfisch in eigenem Saft aus der Dose
- 50 g entkernte grüne Oliven

Mehl und Backpulver in einer Schüssel vermischen. Eier zugeben und verrühren.

Öl, Pesto und dann Pflanzendrink zugeben, dabei jedes Mal gut vermischen. Emmentaler, zerkleinerten Thunfisch und geschnittene Oliven unterheben.

Den Teig in eine Kastenform (Länge: 24 cm) gießen und bei 190 °C 30 Minuten im Ofen backen.

Tipp

Der Kuchen schmeckt lauwarm besonders gut und kann pur, mit passierten Tomaten oder mit Ziegenfrischkäseaufstrich genossen werden. Er eignet sich besonders gut als Brotalternative und als Salatbeilage.

Zucchinikuchen

MIT ZIEGENKÄSE UND SCHINKEN

Zubereitungszeit: 15 Minuten • Koch-/Backzeit: 40 Minuten • Ruhezeit: 1 Stunde • Für 8 Personen

- 3 kleine Zucchini
- 5 EL Olivenöl + etwas mehr zum Dünsten
- 80 g Weizenmehl Type 1600
- 50 g Dinkelmehl Type 1600
- 20 g Haferkleie
- 1 Päckchen Backpulver (11 g)
- 3 Eier
- 130 ml neutraler Pflanzendrink (Cashew, Hafer oder Soja)
- Salz
- frisch gemahlener schwarzer Pfeffer
- ½ Rolle Ziegenweichkäse (oder anderer Käse)
- 75 g Schinkenwürfel

Zucchini klein schneiden und in einer Pfanne mit Öl 10 Minuten dünsten, bis die Stücke gerade weich sind.

Mehl, Haferkleie und Backpulver vermischen. Eier nacheinander zugeben. Öl und dann Pflanzendrink hinzufügen. Mit Salz und Pfeffer würzen.

Zucchini, geschnittenen Ziegenkäse und Schinkenwürfel unterheben.

Den Teig in eine Kastenform (Länge: 24 cm) gießen und bei 200 °C 30 Minuten im Ofen backen. Auskühlen lassen und dann 1 Stunde im Kühlschrank ruhen lassen, bevor der Kuchen gestürzt wird.

Terrine

MIT GRÜNEN BOHNEN, FETA UND MINZE

Zubereitungszeit: 15 Minuten • Kochzeit: 35–40 Minuten • Ruhezeit: 2 Stunden • Für 6 Personen

- 240 g grüne Bohnen
- 1 kleine Zwiebel
- 1 Knoblauchzehe
- Olivenöl
- 4 Eier
- 200 ml Pflanzendrink (Cashew, Dinkel, Hafer oder anderer Drink nach Wahl)
- 100 g Feta
- 10–15 Minzblätter
- 1 TL Kreuzkümmel
- Salz
- frisch gemahlener schwarzer Pfeffer
- Paprikapulver (wahlweise)

Grüne Bohnen in Wasser kochen.

Zwiebel und Knoblauch abziehen, die Zwiebel in Würfel schneiden, den Knoblauch grob hacken. In einer Pfanne mit Öl 3 Minuten dünsten.

Eier mit Pflanzendrink aufschlagen. Zerbröselten Feta, geschnittene Minze und Kreuzkümmel zugeben. Mit Salz und Pfeffer würzen.

Die Hälfte der Mischung in eine Kastenform aus Silikon (Länge: 24 cm) gießen. Darauf die Hälfte der Bohnen ordentlich der Länge nach reihen.

Die restliche Mischung in die Form geben und die restlichen Bohnen darauf verteilen. Bei 190 °C 35–40 Minuten im Ofen backen. Auskühlen lassen und dann für 2 Stunden kalt stellen, bevor die Terrine gestürzt wird. Die Terrine nach Belieben mit Paprikapulver bestäubt anrichten.

Tipp

Statt mit grünen Bohnen kannst du dieses Rezept auch mit Zucchini zubereiten, die du zuvor in einer Pfanne mit Öl gegart hast.

#glutenfrei

Passende Saucen

Die Terrine mit einer Tomatensauce oder einer grünen Sauce servieren. Für die grüne Sauce 200 g gehackten Spinat (frisch oder tiefgefroren), 50 g Ziegenfrischkäse, 50 ml Pflanzendrink, 1 TL Olivenöl sowie Salz und Pfeffer fein mixen.

Teig für Tarte, Pizza, Crumble und Brot

Mürbeteig

Zubereitungszeit: 10 Minuten • Für 1 Tarte

120 g Weizenmehl Type 1600 • 100 g Gerstenmehl (oder 50 g Gerstenmehl und 50 g Buchweizenmehl für mehr Abwechslung) • 65 ml Olivenöl • 75 ml Wasser • 1 Prise Salz

Alle Zutaten vermengen und mit der Hand kneten. Wasser hinzufügen, wenn der Teig zu trocken ist. Mehl hinzufügen, wenn er zu klebrig ist.

Den Teig auf Backpapier mit einem Nudelholz ausrollen und in eine Tarteform legen.

Süßer Mürbeteig

Zubereitungszeit: 10 Minuten
Ruhezeit: 30 Minuten • Für 1 Tarte

150 g Gerstenmehl • 50 g gemahlene Mandelkerne • 2 EL Kokosblütenzucker • 1 Prise Salz • 50 g geruchloses Kokosöl (oder 50 g geschmolzene Butter) • 50–60 ml Wasser

Mehl mit gemahlenen Mandelkernen, Zucker und Salz vermischen. Geschmolzenes Öl, dann Wasser hinzufügen.

Den Teig mit der Hand kneten. Wasser hinzufügen, wenn der Teig zu trocken ist. Mehl hinzufügen, wenn er zu klebrig ist.

Eine Kugel formen und für 30 Minuten im Kühlschrank ruhen lassen (der Teig ist im Anschluss einfacher zu kneten, da das Kokosöl aushärtet).

Den Teig auf Backpapier mit einem Nudelholz ausrollen und in eine Tarteform legen.

Herzhafter Streuselteig

Zubereitungszeit: 5 Minuten • Für 1 Tarte

100 g Weizenmehl Type 1600 • 50 g gehackte Haselnusskerne • 30 g Parmesan • Salz • frisch gemahlener schwarzer Pfeffer • 50 ml Olivenöl (oder 50 g geschmolzene Butter) • Thymian (optional)

Mehl, gehackte Haselnusskerne und Parmesan vermischen. Mit Salz und Pfeffer würzen. Öl zugeben und mit der Hand bearbeiten, sodass Streusel entstehen.

Gut zu wissen

Dieser Streuselteig eignet sich für jede Gemüsesorte! Die Streusel auf dem vorgekochten Gemüse verteilen, wahlweise mit Thymian bestreuen und bei 180 °C 20 Minuten im Ofen backen.

Pizzateig

Zubereitungszeit: 10–15 Minuten
Ruhezeit: 1 Stunde + 10 Minuten • Für 1 Pizza

1 ½ Beutel Trockenbackhefe (oder 25 g frische Hefe) • 150 ml Wasser • 150 g Weizenmehl Type 1600 • 100 g Gerstenmehl • 100 g Haferkleie • 2 Prisen Salz • 2 EL Olivenöl

Trockenbackhefe in 3 EL lauwarmem Wasser auflösen und 10 Minuten ruhen lassen.

Mehl, Haferkleie und Salz vermischen. Wasser und Öl zugeben, dann die Trockenbackhefe. Den Teig kneten. Wasser hinzufügen, wenn der Teig zu trocken ist. Mehl hinzufügen, wenn er zu klebrig ist.

Den Teig mit einem Tuch abdecken und 40 Minuten bei Raumtemperatur ruhen lassen. Den Teig dünn ausrollen und noch mal 20 Minuten unter einem Tuch ruhen lassen.

Körnerbrot

Zubereitungszeit: 10 Minuten • Backzeit: 1 Stunde • Für 1 Brot

- 150 g Buchweizenflocken (erhältlich im Bioladen) oder Buchweizenmehl
- 100 g gemahlene Mandelkerne
- 30 g Flohsamen (erhältlich im Bioladen)
- 1 kleiner TL Salz
- 400 ml Wasser
- 50 ml Olivenöl (ca. 50 g)

FÜR DIE KÖRNERMISCHUNG

- 70 g braune Leinsamen (möglichst gemahlen)
- 70 g Sonnenblumenkerne
- 70 g Kürbiskerne
- 25 g Chiasamen
- 50 g gehackte Haselnusskerne

Trockene Zutaten und Körnermischung vermischen. Wasser und Öl zugeben und ein paar Sekunden mit der Hand kneten. Der Teig soll dickflüssig und klebrig sein.

Den Teig in eine Kastenform (Länge: 24 cm) aus Silikon einfüllen.

Bei 180 °C 1 Stunde im Ofen backen. Brot nach 30 Minuten auf ein Backblech stürzen und aus der Form nehmen. Den Backvorgang nun für die verbleibenden 30 Minuten mit dem gestürzten Brot fortsetzen, sodass es gleichmäßig durch ist.

Tipp

Statt Flohsamen kannst du auch Chiagel verwenden: 25 g Chiasamen mit 100 ml Wasser vermischen, 15 Minuten warten, noch mal umrühren. Danach für dieses Rezept nur 300 ml Wasser zugeben. Statt Buchweizenflocken kannst du außerdem auch Haferflocken verwenden (wobei diese mehr Gluten enthalten).

Gut zu wissen

Dieses Brot enthält nur gute Fette und Kohlenhydrate mit einem niedrigen glykämischen Index. Getoastet kann es zum Beispiel mit Ziegenfrischkäse und Avocado gegessen werden oder auch als Salatbeilage dienen. Auch zum Frühstück mit Konfitüre ohne Zucker eignet es sich. Die Flohsamen (erhältlich im Bioladen) sind besonders ballaststoffreich und fungieren als Bindemittel.

Expressbrötchen

Zubereitungszeit: 10 Minuten • Backzeit: 25 Minuten • Für 3–4 Brötchen

- 100 g Dinkelmehl Type 1600
- 100 g Gerstenmehl
- 1 Päckchen Backpulver (11 g)
- 1 große Prise Salz
- 180 g griechischer Schafjoghurt
- 2 EL Olivenöl
- 1 Ei
- 1 Handvoll Reibekäse
- geröstete Sesamsamen

Mehl, Backpulver und Salz vermischen. Joghurt und Öl hinzufügen. Den Teig mit der Hand kneten.

Das Ei trennen. Eigelb beiseitestellen. Eiweiß steif schlagen und vorsichtig unter den Teig heben. Reibekäse untermengen. Der Teig sollte ein bisschen klebrig sein.

Den Teig in 4 Teile teilen und auf einem Backblech mit Antihaft-Backmatte legen. Die Teighaufen in eine runde Form bringen. Mit Eigelb bestreichen und mit Sesamsamen bestreuen. Bei 180 °C 25 Minuten im Ofen backen.

Tipp

Mit diesem Rezept lassen sich auch Burgerbrötchen oder Pizzateig backen.

Avocadodip

Zubereitungszeit: 3 Minuten
Für 2–3 Personen

1 Avocado • 2 EL Zitronensaft • 1 TL Kreuzkümmel • Salz • frisch gemahlener schwarzer Pfeffer

Avocado mit einer Gabel zerdrücken. Zitronensaft, Kreuzkümmel, Salz und Pfeffer hinzufügen. Gut vermischen und sofort servieren.

TIPP: Passt wunderbar als Beilage zu Salat, Auberginen, Hacksteak und in mexikanischen Tortillas.

#schnell
#glutenfrei

Ktipiti (Paprika-Feta-Dip)

Zubereitungszeit: 10 Minuten
Kochzeit: 20 Minuten • Für 4 Personen

2 rote Paprikaschoten • 1 EL Olivenöl • 1 kleine Knoblauchzehe • 150 g Feta • 150 g griechischer Schafjoghurt • 1 TL Paprikapulver edelsüß • frisch gemahlener schwarzer Pfeffer • Basilikum (oder Minze) • Pinienkerne (wahlweise)

Paprikaschoten halbieren, entkernen, mit Öl bestreichen und bei 200 °C 20 Minuten im Ofen garen. Abkühlen lassen.

Paprika, Knoblauch, Feta, Joghurt, Paprikapulver und Pfeffer vorsichtig pürieren, sodass noch kleine Stückchen bleiben.

Basilikum zugeben und mit einem Löffel umrühren. Wahlweise mit Pinienkernen garnieren.

TIPP: Passt wunderbar als Beilage zu Salat, hart gekochten Eiern … Um Zeit zu sparen, kannst du auch tiefgefrorene gegrillte Paprika verwenden.

#schnell
#glutenfrei

Sardinendip

Zubereitungszeit: 5 Minuten
Für 4 Personen

200 g Sardinen ohne Öl aus der Konservendose • 200 g Ricotta • 1 kleine Schalotte • 2 EL Olivenöl • 2 EL Zitronensaft • Kurkuma • Salz • frisch gemahlener schwarzer Pfeffer • Basilikum (oder Schnittlauch)

Sardinen, Ricotta, Schalotte, Olivenöl, Zitronensaft und Kurkuma in einem Standmixer pürieren.

1–2 EL Wasser zugeben, wenn der Dip zu dickflüssig ist. Mit Salz und Pfeffer abschmecken. Mit geschnittenem Basilikum garnieren.

TIPP: Passt wunderbar zu Kräckern beim Aperitif oder als Beilage zu Salat, für gefüllte Tomaten …

#schnell
#glutenfrei

Spinatpesto

Zubereitungszeit: 10 Minuten
Für 4 Personen

140 g frischer Spinat • 40 ml pflanzliche Sahne (Cashew, Soja oder Hafer) • 40 g gemahlene Mandelkerne • 35 g Parmesan • 4 EL Olivenöl • 1 EL Zitronensaft • ½ Knoblauchzehe • ein paar Basilikumblätter • Salz • frisch gemahlener schwarzer Pfeffer

Spinat putzen und entstielen. Alle Zutaten in einem Standmixer pürieren. Mit Salz und Pfeffer abschmecken.

TIPP: Passt wunderbar zu Nudeln oder als Beilage zu Salat.

Kichererbsenhummus

Zubereitungszeit: 5 Minuten
Für 4 Personen

60 g weißes Sesammus (Tahini) • 250 g gekochte Kichererbsen • 1 Knoblauchzehe • 2 EL Zitronensaft • 2 EL Olivenöl • Kreuzkümmel, Kurkuma oder Paprikapulver nach Belieben

Sesammus in 100 ml Wasser einrühren, bis die Textur samtig ist. Mit den restlichen Zutaten vermischen. Nach eigenem Belieben mit Gewürzen abschmecken: Kreuzkümmel, Kurkuma, Paprikapulver ...

TIPP: Passt wunderbar zu Falafeln, als Amuse-Gueule auf Kräcker oder als Salatbeilage.

#glutenfrei
#vegan
#schnell

Express-Auberginenkaviar

Zubereitungszeit: 5 Minuten
Kochzeit: 10 Minuten • Für 4 Personen

500 g Auberginen (ca. 2 Stück) • 1 gepresste Knoblauchzehe • Saft von ½ Zitrone • 4–5 EL Olivenöl • 2 TL gemahlener Kreuzkümmel • Salz • frisch gemahlener schwarzer Pfeffer

Auberginen schälen und in kleine Würfel schneiden. Mit 1 großen Glas Wasser in eine Form aus Glas geben. Bei 850 Watt für 9–10 Minuten in der Mikrowelle erhitzen. Nach der Hälfte der Kochzeit 1-mal umrühren.

Auberginen gut abtropfen lassen und in einem Standmixer mit Knoblauch, Zitronensaft, Öl und Kreuzkümmel pürieren. Mit Salz und Pfeffer abschmecken. Vor dem Servieren abkühlen lassen.

TIPP: Passt wunderbar als Amuse-Gueule auf Kräcker oder als Salatbeilage.

#glutenfrei
#vegan
#schnell

Joghurtsauce

Zubereitungszeit: 5 Minuten
Für 2 Personen

1 Schalotte • 100 g griechischer Schafjoghurt • 100 g Fromage Blanc (französischer Frischkäse, erhältlich im Feinkostgeschäft) • viel frischer Koriander • Salz • frisch gemahlener schwarzer Pfeffer

Schalotte fein schneiden. Mit Joghurt und Fromage Blanc vermengen. Klein geschnittenen Koriander zugeben und mit Salz und Pfeffer abschmecken.

TIPP: Passt wunderbar zu Curry-Hähnchenspießen oder Falafeln und ist eine Alternative zu einem leichten Salatdressing.

#schnell
#glutenfrei

#glutenfrei
#schnell

Zucchinicreme

Zubereitungszeit: 5 Minuten
Kochzeit: 5 Minuten • Für 3–4 Personen

1 große Zucchini • 1 Knoblauchzehe • 3 EL Parmesan • 3 EL griechischer Schafjoghurt • 1 EL Olivenöl • 30 g gemahlene Mandelkerne • Basilikum

Zucchini würfeln. Mit ein wenig Wasser bei 850 Watt für 5 Minuten in der Mikrowelle erhitzen. Nach der Hälfte der Zeit 1-mal umrühren. Zucchini in einem Sieb abtropfen lassen.

Zucchini, Knoblauch, Parmesan, Joghurt, Öl, gemahlene Mandelkerne und Basilikum in einem Standmixer pürieren.

TIPP: Passt wunderbar zu Nudeln, einem gemischten Salat oder Tomaten mit Mozzarella.

#glutenfrei
#schnell

Warme Kürbissauce

Zubereitungszeit: 10 Minuten
Kochzeit: 15 Minuten • Für 2 Personen

230 g Hokkaidokürbis (oder anderer Kürbis) • 45 ml pflanzliche Sahne (Cashew oder Hafer) • 25 g Parmesan • Kurkuma und Kreuzkümmel (nach Belieben) • Salz • frisch gemahlener schwarzer Pfeffer

Hokkaidokürbis würfeln und 15 Minuten in Wasser kochen. Alle Zutaten in einem Standmixer pürieren. Mit Salz und Pfeffer abschmecken.

TIPP: Passt wunderbar als Sauce zu Nudeln.

Warme Blauschimmelkäse-Sauce

#schnell
#glutenfrei

Zubereitungszeit: 3 Minuten
Kochzeit: 20 Sekunden • Für 2 Personen

50 g Fourme d'Ambert (französischer Edelschimmelkäse, erhältlich im Feinkostgeschäft) oder Saint Agur oder Roquefort • 100 ml pflanzliche Sahne (Soja, Hafer oder Cashew) • frisch gemahlener schwarzer Pfeffer

Käse in kleine Stücke schneiden und mit Sahne in einer Schüssel für 20 Sekunden in der Mikrowelle erhitzen. Die Sauce verrühren und mit Pfeffer abschmecken.

TIPP: Passt wunderbar zu Nudeln auf Basis von Buchweizen oder Hülsenfrüchten und auch zu Weißfisch.

Tartelette

MIT ERDBEEREN UND MANDELCREME

Zubereitungszeit: 25 Minuten • Koch-/Backzeit: 15 Minuten • Für 8 Personen

- 1 süßer Mürbeteig (siehe Rezept auf Seite 116)
- 24 Erdbeeren
- Minze

FÜR DIE MANDELCREME
- 2 Eigelb
- 35 g Agavendicksaft
- 60 ml Pflanzendrink (Cashew oder Hafer)
- 60 g gemahlene Mandelkerne
- 30 g Butter

8 Kreise aus dem Mürbeteig stechen. In Tartelette-Backformen legen und bei 180 °C 15 Minuten im Ofen backen. Auskühlen lassen.

Für die Mandelcreme Eigelbe und Agavendicksaft in einen Topf geben und mit einem Schneebesen aufschlagen. Pflanzendrink untermengen. Gemahlene Mandelkerne unterrühren.

Bei mittlerer bis starker Hitze die Mischung auf dem Herd unter ständigem Rühren erwärmen, bis die Creme andickt. Vom Herd nehmen. Butter zugeben und schmelzend verrühren. Auskühlen lassen.

Die Creme großzügig auf die ausgekühlten Tartelettes streichen und mit Erdbeeren und Minze garnieren.

Tipp

Statt Erdbeeren und Minze kannst du die Tartelettes auch mit Birnen und Zartbitterschokotropfen belegen.

#schnell

Muffins MIT SCHOKOSTÜCKCHEN UND HASELNUSS

Zubereitungszeit: 10 Minuten • Backzeit: 20 Minuten • Ergibt 8 Muffins

- 100 g Weizenmehl Type 1600
- 70 g Gerstenmehl
- ½ Päckchen Backpulver
- 30 g gemahlene Mandelkerne
- 2 Eier
- 120 ml Mandeldrink (oder anderer Pflanzendrink)
- 25 g Akazienhonig + 20 g Agavendicksaft (oder 45 g eines anderen Dicksafts)
- 100 g Butter (oder Margarine)
- 100 g Zartbitterschokotropfen
- 30 g Haselnusskerne

Mehl, Backpulver und gemahlene Mandelkerne vermischen. Mittig eine Kuhle bilden und die Eier nacheinander in diese Kuhle aufschlagen.

Mandeldrink, dann Honig und Agavendicksaft zugeben und vorsichtig mit einem Holzlöffel verrühren. Butter schmelzen und zugeben.

Weiterrühren, bis der Teig homogen ist. Schokotropfen vorsichtig unterheben.

Den Teig in Muffinformen füllen und mit gehackten Haselnusskernen bestreuen. Bei 180 °C 20 Minuten im Ofen backen. Die Muffins 10 Minuten auskühlen lassen und dann aus der Form lösen.

Tipp

Statt Honig und Agavendicksaft kannst du auch 45 g Xylit nehmen und dadurch den glykämischen Index dieses Rezepts noch weiter senken.

Karottenkuchen

Zubereitungszeit: 15 Minuten • Backzeit: 30–35 Minuten • Für 8 Personen

- 45 g Weizenmehl Type 1600
- 30 g Gerstenmehl
- 1 Päckchen Backpulver (11 g)
- 1 Prise Salz
- 70 g gemahlene Mandelkerne
- 60 g gemahlene Haselnusskerne
- 50 g Kokosblütenzucker
- ½ TL Zimt
- ¼ TL Ingwer
- 2 Eier
- 50 ml Pflanzendrink (Cashew oder Hafer)
- 75 g Isio-4-Pflanzenöl (französisches Öl aus 4 Samenölen: Sonnenblume, Raps, Oléisol, Lein)
- 20 g Haselnussmus
- 200 g Karotten
- etwas Fett für die Backform

FÜR DEN TORTENGUSS

- 3 gehäufte TL St Môret (französischer Frischkäse, erhältlich im Käsefachgeschäft)
- 2 gehäufte TL Erdnussbutter
- 15 g Agavendicksaft
- Pekannusskerne (oder andere Nusskerne)

Trockene Zutaten (Mehl, Backpulver, Salz, gemahlene Mandel- und Haselnusskerne, Kokosblütenzucker, Gewürze) vermischen. Eier mittig zugeben und verrühren. Pflanzendrink, Öl und Haselnussmus zugeben und gut vermischen.

Karotten reiben und unter den Teig heben.

Den Teig in eine gefettete Kastenform (Länge: 24 cm) füllen und bei 200 °C für 30–35 Minuten im Ofen backen.

Für den Tortenguss alle Zutaten außer den Pekannüssen schnell und gründlich vermischen. Den ausgekühlten Kuchen mit dem Guss bestreichen. Eine dünne Schicht ist völlig ausreichend, da Erdnussbutter schnell unangenehm schmecken kann. Mit Pekannüssen garnieren.

Mini-Bananenbrot

Zubereitungszeit: 10 Minuten
Backzeit: 15 Minuten • Ergibt 8 Stück

50 g Haferkleie • 35 g gemahlene Mandelkerne • 1 TL Natron • 60 g Mango-Bananen-Kompott ohne Zuckerzusatz • 60 g Fromage Blanc (französischer Frischkäse, erhältlich im Feinkostgeschäft) oder pflanzlicher Joghurt • 1 Banane • 1 Ei • 40 g Butter • 1 Prise Salz • Zartbitterschokotropfen und Walnusskerne (wahlweise)

Haferkleie, gemahlene Mandelkerne und Natron vermischen. Kompott und Fromage Blanc, dann drei Viertel der zerdrückten Banane zugeben.

Das Ei trennen und Eigelb in die Masse geben. Geschmolzene Butter hinzufügen und vermischen.

Eiweiß mit Salz steif schlagen und vorsichtig unterheben.

Den Teig in Financiers-Backformen füllen. Mit dünnen Bananenscheiben belegen und wahlweise mit Schokotropfen und gehackten Walnusskernen bestreuen. Bei 180 °C maximal 15 Minuten im Ofen backen.

TIPP: Eignet sich wunderbar zum Frühstück oder als gesunder Snack für zwischendurch.

Gut zu wissen

Dieses Rezept kannst du auch als Kuchen backen. Hierfür die Zutatenmengen verdoppeln und den Kuchen bei 185 °C 35 Minuten backen.

Orangen-Mandel-Kuchen

Zubereitungszeit: 15 Minuten
Backzeit: 25–30 Minuten • Für 7–8 Personen

4 Eier • 40 g Agavendicksaft • 1 Orange • 70 g gemahlene Mandelkerne • 60 g Gerstenmehl • ½ Päckchen Backpulver • 50 ml Olivenöl • Mandelblättchen • etwas Fett für die Backform

FÜR DEN SIRUP

½ Orange • 10 g Xylit (oder 5 g Agavendicksaft oder Honig)

Eier trennen. Eigelb mit Agavendicksaft verrühren. Abrieb und Saft von der Orange zugeben.

Gemahlene Mandelkerne, Mehl und Backpulver untermischen. Olivenöl zugeben und vermischen.

Eiweiß steif schlagen und vorsichtig unterheben.

Den Teig in eine gefettete Kastenform (Länge: 24 cm) füllen und mit Mandelblättchen bestreuen. Bei 180 °C 25–30 Minuten im Ofen backen. Etwas auskühlen lassen.

Für den Sirup die Orange auspressen und den Saft mit Xylit vermischen. Den Kuchen mit dem Sirup übergießen.

TIPP: Ein leichter und luftiger Kuchen, der sich wunderbar zum Frühstück oder als gesunder Snack für zwischendurch eignet.

HINWEIS: Das Olivenöl verliert seinen charakteristischen Eigengeschmack während des Backvorgangs.

Schokoladenkuchen

MIT ORANGE

Zubereitungszeit: 20 Minuten • Backzeit: 10 Minuten
Ruhezeit: 2 Stunden • Für 6 Personen

FÜR DEN BISKUIT

- 25 g Mandelkerne
- 25 g Walnusskerne
- 30 g Haferflocken
- 10 g Haferkleie
- 35 g gemahlene Mandelkerne
- 20 g Kokosblütenzucker
- 50 g geschmolzenes Kokosöl
- 50 ml Pflanzendrink (Hafer oder Cashew)

FÜR DIE MOUSSE AU CHOCOLAT

- 300 ml kalte Schlagsahne mit 30 % Fett
- 200 g Zartbitterschokolade mit einem Kakaogehalt von 60 %
- ½ Orange

Für den Biskuitboden Mandel- und Walnusskerne grob hacken. Weitere Zutaten der Reihe nach miteinander vermengen.

Den Teig auf einem Backblech in einen Tortenring (Durchmesser: 16 cm) geben und etwas eindrücken. Bei 180 °C 10 Minuten im Ofen backen. Im Tortenring auskühlen lassen.

Für die Mousse au Chocolat Sahne steif schlagen. Schokolade bei mittlerer Hitze in einem Topf schmelzen und im warmen Zustand vorsichtig in die Sahne rühren.

Orangenschale in die Mousse reiben und vorsichtig unterrühren, um die luftige Textur zu bewahren.

Wenn der Biskuitboden ausgekühlt ist, die Mousse bis zum oberen Rand des Tortenrings füllen. Mit ein bisschen Orangenabrieb garnieren. 2 Stunden im Kühlschrank ruhen lassen und genießen.

TIPP: Damit die Sahne schneller steif wird, kannst du sie vorher für 30 Minuten in die Tiefkühltruhe stellen. Für einen intensiveren Schokoladengeschmack kannst du auch auf den Orangenabrieb verzichten.

#schnell

Gewürzkuchen
MIT SCHOKOLADE

Zubereitungszeit: 10 Minuten • Backzeit: 30–35 Minuten • Für 8 Personen

- 150 ml Mandeldrink (oder anderer Pflanzendrink)
- 30 g Akazienhonig + 20 g Agavendicksaft (oder 50 g Süßungsmittel)
- 100 g Butter (oder 90 g Öl) + etwas mehr für die Backform
- 120 g Weizenmehl Type 1600
- 80 g Gerstenmehl
- ½ Päckchen Backpulver
- 1 Prise Salz
- 3 TL grüne Anissamen
- 2 TL Zimt
- 1 TL Kardamom
- 1 TL Ingwer
- 2 Eier
- 100 g Schokotropfen

Mandeldrink mit Honig und Agavendicksaft in einem Topf bei mittlerer Hitze erhitzen. Mit einem Schneebesen gut verrühren, bis Honig und Agavendicksaft sich aufgelöst haben. Den Herd ausschalten. Butter zugeben und weiterrühren, bis sie vollständig geschmolzen ist.

Mehl, Backpulver, Salz und Gewürze in einer Schüssel vermischen. Eier nacheinander zugeben und vermengen. Mandeldrink langsam in den Teig gießen, dabei immer weiterrühren, bis der Teig homogen ist. Schokotropfen zugeben.

Den Teig in eine gefettete Kastenform (Länge: 24 cm) gießen und bei 185 °C 30–35 Minuten im Ofen backen.

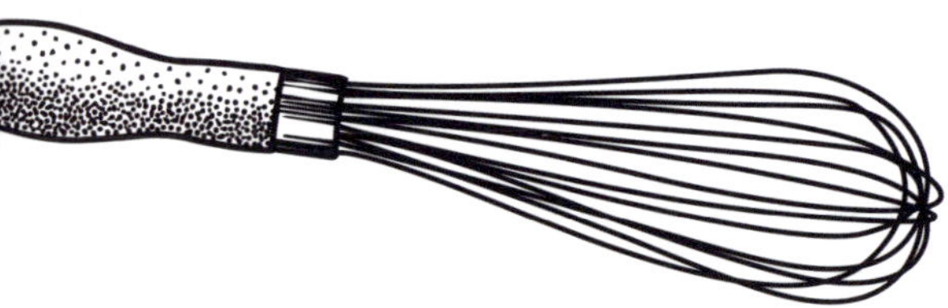

Financiers

Zubereitungszeit: 10 Minuten
Backzeit: 10 Minuten • Für 8 Stück

35 g gemahlene Mandelkerne • 20 g gemahlene Haselnusskerne • 30 g Gerstenmehl • ½ TL Natron (oder Backpulver) • 45 g Xylit • 2 EL Apfelmus ohne Zuckerzusatz • ½ TL Bittermandelextrakt • 60 g Butter • 2 Eiweiß

Gemahlene Mandel- und Haselnusskerne mit Mehl, Natron und Xylit vermischen. Apfelmus und Mandelextrakt, dann geschmolzene Butter zugeben. Gut vermengen.

Eiweiße steif schlagen und vorsichtig unter den Teig heben.

Den Teig in Financiers-Formen aus Silikon gießen und bei 215 °C 10 Minuten im Ofen backen.

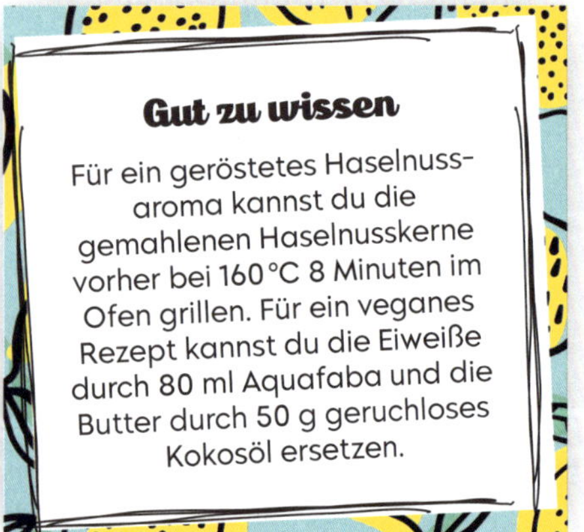

Gut zu wissen

Für ein geröstetes Haselnussaroma kannst du die gemahlenen Haselnusskerne vorher bei 160 °C 8 Minuten im Ofen grillen. Für ein veganes Rezept kannst du die Eiweiße durch 80 ml Aquafaba und die Butter durch 50 g geruchloses Kokosöl ersetzen.

Schoko-Mandel-Kekse

Zubereitungszeit: 15 Minuten
Backzeit: 12 Minuten • Ergibt 6–8 Kekse

100 g gemahlene Mandelkerne • 40 g Gerstenmehl • 65 g Apfel-Birnen-Kompott ohne Zuckerzusatz • 20 g Agavendicksaft • 40 g geruchloses Kokosöl (oder Butter) • Erdnussbutter (wahlweise)

FÜR DIE SCHOKOLADENGANACHE

40 g Zartbitterschokolade mit 70 % Kakaogehalt • 30 g flüssige Kokosmilch

Gemahlene Mandelkerne und Mehl vermischen. Kompott, Agavendicksaft und schließlich geschmolzenes Kokosöl zugeben.

Ein wenig Teig herausnehmen, mit der Hand eine Kugel formen und diese auf einem Backblech mit Antihaft-Backmatte etwas zerdrücken, um einen Keks zu formen (dieser darf etwas dicker sein). Diesen Vorgang wiederholen, bis kein Teig mehr übrig bleibt. Bei 180 °C 10 Minuten im Ofen backen. Auskühlen lassen.

Für die Schokoladeganache die Zutaten langsam in der Mikrowelle schmelzen.

Wahlweise jeden Keks mit 1 TL Erdnussbutter bestreichen und dann mit 2 gehäuften TL Schokoladenganache beziehen. Im Kühlschrank aushärten lassen.

Süßer Crêpes-Teig

Zubereitungszeit: 10 Minuten
Backzeit: 5 Minuten pro Crêpe
Ergibt 9 Crêpes

150 g Gerstenmehl • 100 g Kichererbsenmehl • 1 Prise Salz • 2 Eier • 300 ml Pflanzendrink (Cashew, Hafer, Soja oder anderer Drink nach Wahl) • 1 EL Orangenblütenaroma • 300 ml Wasser • Olivenöl zum Ausbacken

Mehl und Salz vermischen. Eier nacheinander zugeben, dann Pflanzendrink, Aroma und Wasser. Der Teig sollte glatt und flüssig sein.

1 Kelle Teig in eine heiße Pfanne mit Öl gießen und beidseitig 2–3 Minuten ausbacken. Diesen Vorgang wiederholen, bis kein Teig mehr übrig bleibt.

Alternative

Crêpe wenden und mit 2 Stückchen Zartbitterschokolade mit 70 Prozent Kakaogehalt belegen und schmelzend verteilen. Auch andere Belagoptionen sind denkbar, etwa Kompott ohne Zuckerzusatz, Kokosnuss, Obst, Erdnussbutter …

#schnell

Waffeln

Zubereitungszeit: 10 Minuten
Backzeit: 5 Minuten pro Waffel
Ergibt 8 Waffeln

100 g Gerstenmehl • 50 g Weizenmehl Type 1600 • 50 g gemahlene Mandelkerne • ½ Päckchen Backpulver • 300 ml Pflanzendrink (Hafer oder anderer Drink nach Wahl) • 40 g geruchloses Kokosöl • 2 Eier • 1 kleine Banane

Mehl, gemahlene Mandelkerne und Backpulver vermischen. Pflanzendrink, geschmolzenes Öl und dann Eier zugeben. Den Teig gut verrühren.

Banane zerdrücken und mit dem Teig vermengen. Waffeln im Waffeleisen in jeweils 5 Minuten ausbacken.

Tipp

Wenn du keine Bananen magst, kannst du stattdessen 20 g Kokosblütenzucker verwenden. Nach Belieben kannst du die Waffeln mit ein paar Zartbitterschokotropfen und Bananenscheiben belegen.

#schnell

Gut zu wissen

Mit dieser fein-soften Version werden die Pancakes weich und fluffig – dank Eischnee und Backpulver. Ein wahrer Genuss zum Frühstück oder als Nascherei für zwischendurch.

Fluffige Pancakes
MIT SCHOKOSTÜCKCHEN

Zubereitungszeit: 10 Minuten • Backzeit: 5 Minuten pro Pancake • Ergibt 10 Pancakes

- 100 g Dinkelmehl Type 1600
- 100 g Gerstenmehl
- 14 g Backpulver
- 2 Eier
- 180 ml Pflanzendrink (Cashew, Hafer oder anderer Pflanzendrink nach Wahl)
- 2 Becher griechischer Schafjoghurt (oder vegetarische Alternative)
- 6 EL Zartbitterschokotropfen
- Öl zum Ausbacken

Mehl und Backpulver vermischen. Eier trennen. Nacheinander Eigelbe, Pflanzendrink und Joghurt zu den trockenen Zutaten geben und gut verrühren.

Eiweiße steif schlagen und vorsichtig unterheben. Schokotropfen zugeben.

Die Pancakes in einer normalen Pfanne oder in einer Crêpespfanne beidseitig in jeweils 2–3 Minuten ausbacken. Ausreichend Teig verwenden, damit die Pancakes schön dick werden. Beim Ausbacken gehen sie dann durch das Backpulver auf.

Die Pancakes pur genießen, da sie mit den Schokotropfen schon gesüßt sind.

#schnell

Bowl Cake
ZUM FRÜHSTÜCK

Zubereitungszeit: 5 Minuten • Backzeit: ca. 2 Minuten • Für 1 Person

- 20 g Haferkleie
- 20 g gemahlene Mandelkerne
- 10 g Haferflocken
- ½ TL Backpulver
- 1 Ei
- 30 ml Pflanzendrink (Cashew oder anderer Drink)
- 75 g Kompott ohne Zuckerzusatz (oder zerdrückte Banane)
- Beerenfrüchte
- Minze

Haferkleie, gemahlene Mandelkerne, Haferflocken und Backpulver in einer Schüssel vermischen. Ei zugeben und vermengen.

Pflanzendrink und Kompott zugeben. Mit einer Gabel aufschlagen.

Bei 850 Watt für 2 Minuten und 10 Sekunden in der Mikrowelle erhitzen. Ein paar Minuten warten, dann den Kuchen aus der Schüssel stürzen. Mit Beerenfrüchten und Minze garnieren.

Tipp

Bei der Obstsorte hast du die freie Wahl. Das Kompott (oder die Banane) kannst du auch durch einen pflanzlichen Joghurt ersetzen und dafür den Cake mit ein wenig Akazienhonig süßen.

Schoko-Flan

MIT BIRNE

Zubereitungszeit: 10 Minuten • Backzeit: 40 Minuten
Ruhezeit: 2–3 Stunden • Für 6 Personen

- 20 g Gerstenmehl
- 3 Eier
- 200 g Zartbitterschokolade (140 g Zartbitterkuvertüre + 60 g Zartbitterschokolade mit 70 % Kakaogehalt)
- 3 EL flüssige Kokosmilch (oder anderer Pflanzendrink)
- 250 g Mascarpone
- 2 ½ Birnen

Mehl und 1 Ei langsam mit einem Schneebesen verrühren, damit keine Klumpen entstehen und der Teig glatt wird. Die restlichen Eier zugeben und gut verrühren.

Schokolade und Kokosmilch in einem anderen Behältnis langsam in der Mikrowelle schmelzen. Mascarpone zugeben und mit einem Schneebesen schlagen.

Beide Massen vermengen und gut verrühren, bis ein glatter Teig entsteht. Birnen klein schneiden und unterheben.

Den Teig in eine Kastenform (Länge: 24 cm) aus Silikon gießen und bei 150 °C 40 Minuten im Ofen backen.

Der Flan sollte noch weich sein. Auskühlen lassen und dann für 2–3 Stunden im Kühlschrank ruhen lassen. Flan aus der Form lösen und servieren.

Gut zu wissen

Das Gerstenmehl kannst du auch durch Dinkelmehl ersetzen. Für ein glutenfreies Rezept kannst du Speisestärke (Maïzena) verwenden. Diese hat zwar einen hohen glykämischen Index, doch die Menge ist so gering, dass es keine große Auswirkung auf den Blutzucker hat.

Birnenmousse

MIT GRANOLA UND SCHOKOLADENSAUCE

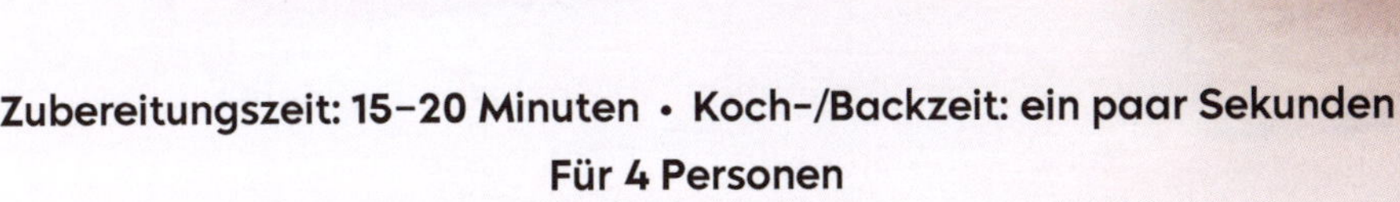

Zubereitungszeit: 15–20 Minuten • Koch-/Backzeit: ein paar Sekunden

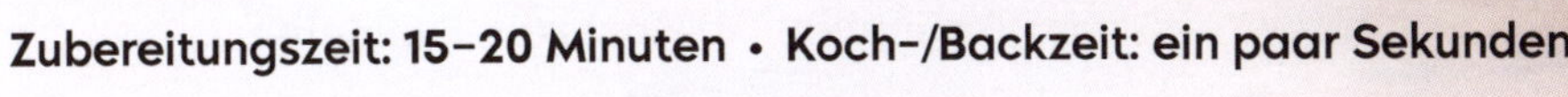

Für 4 Personen

FÜR DIE BIRNENMOUSSE

- 1 Ei
- 1 EL Akazienhonig
- 220 g Mascarpone (oder 120 g Mascarpone + 100 g Fromage Blanc für eine fettreduzierte Variante)
- 225 g Birnen im Saft
- süßes Granola (siehe unten)

FÜR DIE SCHOKOLADENSAUCE

- 50 g Zartbitterschokolade mit einem Kakaogehalt von 70 %
- 40 ml Pflanzendrink

Für die Birnenmousse das Ei trennen und Eigelb mit Honig und Mascarpone verrühren. Eiweiß in einer Schüssel steif schlagen und vorsichtig unter die Masse heben. Birnen abspülen und mit einer Gabel zerdrücken. Vorsichtig in die Masse mischen. Die Mousse kalt stellen.

Die Schokoladensauce in letzter Minute zubereiten. Dafür Schokoladenstücke und Pflanzendrink in eine kleine Schüssel geben und für wenige Sekunden in der Mikrowelle schmelzen.

Die Gläser in Schichten mit Mousse und Granola füllen und mit der noch warmen Schokoladensauce besprenkeln.

TIPP: Wenn du nur wenig Zeit hast, kannst du auch fertiges Granola mit weniger als 10 Prozent Zuckergehalt kaufen.

Süßes Granola

Für 230 g Granola

70 g gemischte Nusskerne (z. B. 40 g Haselnusskerne + 30 g Mandelkerne) • 75 g Haferflocken • 35 g Kerne (Sonnenblumenkerne, Kürbiskerne) • 30 g Kokosöl (nach Belieben geruchlos oder nicht) • 20 g Akazienhonig (oder Agavendicksaft)

Nüsse grob hacken und mit Haferflocken und Kernen vermischen. Geschmolzenes Kokosöl und Honig darübergießen und alles gut vermengen. Die Mischung auf einem Backblech mit Antihaft-Backmatte verteilen und bei 170 °C 12 Minuten im Ofen goldbraun backen. Auskühlen lassen.

Gesunde Schokocreme

Zubereitungszeit: 10 Minuten • Kochzeit: 5 Minuten
Ruhezeit: 4 Stunden • Für 4 Personen

- 2 Eigelb
- 100 ml Kokoscreme
- 1 TL Kakaopulver mit einem Kakaogehalt von 100 %
- 200 ml Mandeldrink
- 125 g Zartbitterschokolade mit einem Kakaogehalt von 65 %
- Pistazien (wahlweise)

Eigelbe mit Kokoscreme aufschlagen. Kakaopulver zugeben.

Mandeldrink mit Schokolade in einem Topf erhitzen, bis diese geschmolzen ist.

Kokoscreme und Milch im Topf vermengen und erhitzen, dabei für 2–3 Minuten mit einem Schneebesen immer weiterrühren, bis das Eigelb durchgekocht ist und die Creme wie eine Vanillesauce andickt.

Die Creme in kleine Gläser füllen und mindestens 4 Stunden im Kühlschrank auskühlen lassen.

Wahlweise mit gehackten Pistazien garnieren und servieren.

#schnell
#glutenfrei
#vegan

Chiapudding
MIT MANGO

Zubereitungszeit: 10 Minuten • Ruhezeit: 40 Minuten

Für 2 Personen

- 20 g Chiasamen
- 190 ml Mandeldrink (oder Kokosmilch)
- ½ TL flüssiges Vanilleextrakt
- 2 große Stücke tiefgefrorene Mango
- 100 ml Kokoscreme
- 1 Maracuja (wahlweise)
- Kokoschips (wahlweise)

Chia mit Mandeldrink verrühren und Vanilleextrakt zugeben. 5 Minuten ziehen lassen. Noch mal verrühren und 40 Minuten im Kühlschrank quellen lassen.

Wieder verrühren, damit die Samen nicht aneinanderkleben.

Mango aus der Tiefkühltruhe nehmen und ein wenig auftauen lassen. Mango mit Kokoscreme in einem Standmixer pürieren.

Die Gläser schichtweise mit Mangocreme und Chiapudding füllen. Wahlweise mit einer dünnen Schicht aus Maracuja enden und mit Kokoschips garnieren.

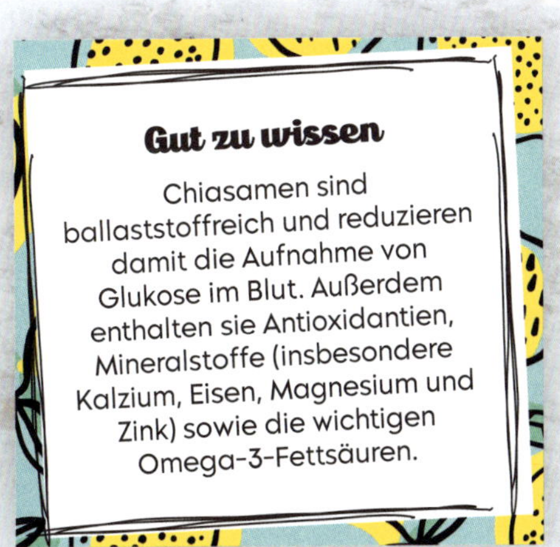

Gut zu wissen

Chiasamen sind ballaststoffreich und reduzieren damit die Aufnahme von Glukose im Blut. Außerdem enthalten sie Antioxidantien, Mineralstoffe (insbesondere Kalzium, Eisen, Magnesium und Zink) sowie die wichtigen Omega-3-Fettsäuren.

Sachregister

Rezeptregister

1. Auflage © 2024 by Südwest Verlag,
einem Unternehmen der Penguin Random House Verlagsgruppe GmbH,
Neumarkter Straße 28, 81637 München

Die Originalausgabe erschien 2021 unter dem Titel:
»Je réussis ma détox sucre: Comprenez et cuisinez IG bas au quotidien«
© 2021 Larousse

Projektleitung: Philipp Christ
Übersetzung: Sophie Gamel
Textredaktion und Korrektorat: Susanne Schneider

Texte: © Bérengère Philippon
Fotos: Sophie Dumont
Food Styling: Delphine Lebrun
Layout: Lucile Jouret

Weitere Illustrationen: © Shutterstock

Umschlaggestaltung für die deutschsprachige Ausgabe: Eva M. Salzgeber
Satz: Uhl + Massopust GmbH, Aalen

Herstellung: Timo Wenda

Druck und Bindung: Alföldi Druckerei AG
Printed in Hungary

Penguin Random House Verlagsgruppe FSC® 001967
ISBN 978-3-517-10315-0

www.suedwest-verlag.de